Dieta DASH

*La Guía Definitiva De Dieta Dash Para
Perder Peso, Bajar La Presión Sanguínea Y
Detener Rápidamente La Hipertensión*

Dieta DASH

Copyright 2020 por Mark Evans - Todos los derechos reservados.

El siguiente libro se reproduce con el objetivo de proporcionar información tan precisa y fiable como sea posible. Sin embargo, la compra de este libro puede ser vista como un consentimiento al hecho de que tanto el editor como el autor de este libro no son de ninguna manera expertos en los temas tratados, y que cualquier recomendación o sugerencia hecha aquí es sólo para propósitos de entretenimiento. Los profesionales deben ser consultados según sea necesario antes de llevar a cabo cualquiera de las acciones respaldadas en el presente documento.

Esta declaración es considerada justa y válida tanto por la Asociación Americana de Abogados como por el Comité de la Asociación de Editores y es legalmente vinculante en todos los Estados Unidos.

Además, la transmisión, duplicación o reproducción de cualquiera de las siguientes obras, incluida la información precisa, se considerará un acto ilegal, independientemente de que se realice electrónicamente o en forma impresa. La legalidad se extiende a la creación de una copia secundaria o terciaria de la obra o una copia registrada y sólo se permite con el consentimiento expreso y por escrito de la

Editorial. Todos los derechos adicionales están reservados.

La información de las siguiemtes páginas se considera, en general, como un relato veraz y preciso de los hechos, y como tal, cualquier falta de atención, uso o mal uso de la información en cuestión por parte del lector hará que cualquier acción resultante quede únicamente bajo su ámbito. No hay ningún escenario en el que el editor o el autor original de este trabajo pueda ser considerado de alguna manera responsable de cualquier dificultad o daño que pueda ocurrirle después de emprender la información aquí descrita.

Además, la información que se encuentra en las siguientes páginas tiene un propósito informativo y, por lo tanto, debe ser considerada como universal. Como corresponde a su naturaleza, la información presentada no garantiza su validez continua ni su calidad provisional. Las marcas que se mencionan se hacen sin consentimiento escrito y no pueden considerarse de ninguna manera como un aval del titular de la marca.

Mark Evans

Tabla de Contenidos

Introducción 1
Capítulo 1: ¿Qué es la dieta DASH? 3
    Conceptos básicos de la dieta DASH 4
    ¿Qué es la dieta DASH? 5
    Otros beneficios de la dieta DASH 7
Capítulo 2: ¿Por qué se creó la dieta DASH? 10
    ¿Para quién es la dieta DASH? 11
    Una breve mirada a la hipertensión 12
Capítulo 3: Características de la dieta DASH 14
    Recomendaciones del Plan de la Dieta DASH 16
Capítulo 4: Grupos de alimentos de la dieta DASH 19
    Cereales 19
    Verduras 20
    Frutas 22
    Lácteos 24
    Pescado, aves o carnes magras 28
    Nueces, legumbres y semillas 30
    Grasas y aceites 32
    Alcohol, Cafeína 35
Capítulo 5: Control de porciones y tamaños de porción 38

Dieta DASH

Porciones de dieta DASH por grupo de alimentos 39

¿Cuánto cuesta una porción?................ 40

Porciones por día 42

Capítulo 6: Lista de alimentos de la dieta DASH 43

Frutas 43

Verduras 44

Carnes, Mariscos 45

Panes, granos 45

Nueces, semillas 46

Lácteos 46

Capítulo 7: La dieta DASH y la pérdida de peso 47

Cómo la dieta DASH puede ayudar a la pérdida de peso 48

Capítulo 8: Consejos para cambiar a la dieta DASH 51

Cambio gradual 51

Perdónese a usted mismo 55

Recompénsese 56

Pruebe nuevos sabores y texturas 57

Sustituciones más saludables 58

Capítulo 9: Consejos para reducir su consumo de sodio 62

Recomendación de sal en la dieta DASH 64

¿Por qué reducir el consumo de sal? 65

Consejos para reducir el consumo de sal 67

Capítulo 10: Plan de comidas de siete días de la dieta DASH 72

1er día 72

3º día 78

4º día 81

5º día 84

6º día 87

7º día 90

Capítulo 11: Recetas de 30 minutos de la dieta DASH 94

Muffins de frambuesa 94

Panqueques de alforfón con fresas 98

Avena de nuez de arándano 101

Pizza de tomate seco y albahaca 103

Pollo al vino blanco y salsa de champiñones .. 106

Deliciosos burritos de pollo de la dieta DASH 110

Salmón asado con cebollino y estragón 113

Vieiras a la parrilla con salsa de lima dulce 116

Ensalada de Espinacas con Triple Baya 119

Ensalada de Mango Simple 122

Ensalada de tomate cherry, albahaca y pera...124
Bruschetta de tomate y albahaca 127
Brochetas de fruta con salsa de limón 130
Humus casero...132
Salsa de alcachofa..135
Delicioso glaseado para pollo, pescado o verduras..137
Miel de melocotón para untar........................139

Conclusión..141
¡Gracias! 143

Introducción

La hipertensión es uno de los asesinos silenciosos más notorios del mundo. Se desarrolla insidiosamente, sin ninguna señal de advertencia. Una persona puede disfrutar de las actividades diarias normales sólo para caer repentinamente al suelo, inconsciente. Las pruebas médicas posteriores revelarían la hipertensión. Sin embargo, en ese momento, la condición habría causado estragos y daño a numerosos tejidos.

Puede detener la hipertensión siguiendo una dieta saludable. La dieta DASH o el Enfoque Dietético para Detener la Hipertensión es un plan de alimentación diseñado para manejar la hipertensión de manera natural y efectiva. Aparte de eso, la dieta DASH promueve otros beneficios, incluyendo la pérdida de peso.

Descubra más acerca de estas cosas y más leyendo este libro.

La Dieta DASH es un plan de dieta que seguramente le ayudará a estar más saludable, con menos riesgo de adquirir numerosas y aterradoras enfermedades como el cáncer y la

Dieta DASH

diabetes. Más que eso, la dieta DASH puede resultar ser lo único que necesitas para lograr un cuerpo más delgado sin tener que pasar horas sudando en el gimnasio.

Lea este libro ahora y cambie su vida para mejor.

Mark Evans

Capítulo 1: ¿Qué es la dieta DASH?

La dieta DASH es un enfoque dietético para detener la hipertensión. La hipertensión afecta a más de 1.000 millones de personas en todo el mundo, de todas las clases sociales y de diferentes grupos de edad. La hipertensión no sólo se ve en los ancianos. Incluso los adultos jóvenes y saludables también se ven afectados. Los casos de niños pequeños y adolescentes con hipertensión tampoco son infrecuentes.

Durante años, los expertos han tratado de entender qué es lo que causa la hipertensión y la razón por la que algunas personas parecen no poder recuperarse de la afección. Una de las teorías era la dieta. Los científicos creían que ciertos componentes de los alimentos podían empujar al cuerpo a mantener una presión sanguínea más alta. Con eso, la comunidad de investigadores se centró en la dieta, es decir, en determinar qué alimentos promueven la hipertensión y, por supuesto, qué alimentos pueden prevenirla o controlar la condición.

Conceptos básicos de la dieta DASH

La dieta DASH está originalmente destinada a personas con o en riesgo de desarrollar hipertensión. Esto era parte del tratamiento y la prevención de la hipertensión arterial y de las enfermedades cardíacas.

El enfoque de la dieta se centra en las opciones de alimentos más saludables. Se recomienda comer más granos enteros, vegetales, carnes magras y frutas. La versión actualizada de la dieta también incluía restricciones en la ingesta de sodio.

Esta dieta fue creada en base a los resultados de la investigación científica. Los investigadores observaron que las personas que seguían una dieta más basada en plantas tenían menos riesgo de hipertensión. Por ejemplo, hay menos vegetarianos y veganos que sufren de hipertensión que las personas con dietas que consisten principalmente en carne.

Los investigadores señalaron que las grandes cantidades de ciertos nutrientes podrían desempeñar un papel importante. Estos nutrientes se encuentran más en los granos, las verduras, las carnes magras y las frutas. También se observó que las dietas basadas en plantas tenían menos azúcares añadidos, lo que también podría ayudar a prevenir la enfermedad.

Las dietas a base de plantas también tienen menos sodio. En la dieta DASH, el consumo de sodio no debe exceder los 2,300 mg por día o no más de 1 cucharadita. Para aquellos que necesiten restricción de sodio (es decir, que sufren o tienen un alto riesgo de sufrir trastornos cardiovasculares como la insuficiencia cardíaca congestiva), la ingesta de sodio no debe superar los 1.500 mg por día o no más de ¾ cucharadita.

¿Qué es la dieta DASH?

Los expertos encontraron que la hipertensión se puede mejorar haciendo cambios sencillos en la dieta. Según la primera investigación sobre la eficacia de la dieta DASH, incluso una persona con una ingesta de 3.000 mg de sodio al día y que es hipertensa experimentará una gran reducción de la presión arterial. La investigación fue patrocinada por el Instituto Nacional de Salud de los Estados Unidos. Esto fue parte de los esfuerzos para tratar la hipertensión sin tomar medicamentos.

Investigaciones recientes sobre la hipertensión encontraron que el sodio también juega un papel importante en la forma en que se desarrolla la condición. Por lo tanto, la Dieta DASH evolucionó para incluir la reducción de sodio en su plan de dieta. Por ejemplo, el simple hecho de reducir la ingesta de sodio en 6 gramos/día ya reducirá la presión arterial hasta en 7/4 mmHg en los pacientes hipertensos.

Ese efecto dura días y semanas. Los medicamentos pueden reducir la presión arterial en la misma medida o incluso más, pero sólo durante unas pocas horas. La presión arterial se reducirá aún más por el efecto acumulativo de los diversos compuestos en los alimentos saludables de la dieta DASH.

Con el paso de los años, la investigación de la Dieta DASH reveló más beneficios. Este plan de dieta por sí solo puede reducir significativamente los riesgos de enfermedades graves que afectan a los riñones, el hígado y el corazón. Puede reducir el desarrollo de la diabetes, la insuficiencia cardíaca, los accidentes cerebrovasculares e incluso el cáncer.

Dieta DASH mejorada

Investigaciones posteriores encontraron que la dieta DASH aún puede ser mejorada. Los resultados de otras investigaciones nutricionales encontraron que los alimentos refinados son malos para la salud. Se hicieron mejoras y la Dieta DASH ahora es menos en los granos refinados de arena de alimentos con almidón.

La investigación continuó y se hicieron más mejoras. El recorte de "carbohidratos vacíos" promovió mejores resultados y una mayor disminución de la presión arterial. Esta mejora hizo que la Dieta DASH fuera más amigable con la pérdida de peso. Además, el DASH está ahora más enfocado en agregar grasas saludables para el corazón y más proteínas.

Otros beneficios de la dieta DASH

DASH es más que un estilo de vida natural anti-hipertensión. Promueve otros beneficios, tales como:

- Pérdida de peso

- Menor riesgo de cáncer, como el riesgo reducido de cáncer de mama y colorrectal

- Reducción del riesgo de enfermedades cardíacas, como se muestra en una revisión reciente en la que las mujeres en la dieta DASH experimentaron un 20% menos de riesgo de enfermedades cardíacas y un 29% menos de riesgo de apoplejías.

- Reducción del riesgo de diabetes, principalmente por la menor ingesta de alimentos azucarados y procesados, así como la consiguiente pérdida de peso. La alimentación y el estilo de vida en la dieta DASH también promueve la reducción de la resistencia a la insulina de los tejidos.

- Reducción del riesgo de síndrome metabólico, como se muestra en los estudios, que puede llegar a ser hasta un 81% de reducción del riesgo

- En general, se redujo el riesgo de numerosas enfermedades como el síndrome poliquístico de ovario y el aumento de peso postmenopáusico. Esto se debe a la dieta más saludable y a la eliminación de ingredientes alimentarios artificiales que promueven la enfermedad en la mayoría de los alimentos procesados.

Capítulo 2: ¿Por qué se creó la dieta DASH?

El plan de la dieta DASH fue creado originalmente como una forma natural de tratar la hipertensión. El uso a largo plazo de los antihipertensivos puede resultar en algunos efectos secundarios negativos. También existe el riesgo de que el cuerpo aprenda a depender de estos medicamentos para regular la presión arterial. El uso a largo plazo de los medicamentos también puede causar algún daño a los riñones y al hígado.

Además, los efectos de disminución de la presión arterial de estos medicamentos antihipertensivos son temporales. Un paciente tendría que tomarlas regularmente todos los días para controlar la hipertensión.

De ahí que se creara la dieta DASH.

Los enfoques dietéticos para detener la hipertensión pronto se convirtieron en una parte integral del manejo de la hipertensión. La mejor parte de este plan es que los efectos van más allá de bajar la presión arterial. En realidad es un estilo de vida del que todos pueden beneficiarse. Esta dieta puede ser desarrollada inicialmente para la hipertensión pero puede ser disfrutada por todos. Tanto las personas sanas como los individuos que sufren cualquier enfermedad pueden beneficiarse de esta dieta/estilo de vida.

¿Para quién es la dieta DASH?

La investigación demostró que esta dieta es eficaz para reducir la presión arterial hasta los rangos normales tanto en personas sanas como hipertensas. La evidencia científica demostró que esta dieta por sí sola puede reducir la presión arterial, incluso si la persona no restringe la ingesta de sal (sodio) o pierde peso.

Si la dieta DASH se hace con restricción de sodio, la presión arterial baja aún más. Los resultados demostraron que la restricción de sodio y la dieta DASH produjeron las mayores reducciones de la PA.

Esta combinación resultó en una reducción promedio de 11 puntos en la presión arterial en aquellos que sufrían de hipertensión. Las personas normales y saludables experimentaron una reducción de 3 puntos en sus niveles de BP.

Una breve mirada a la hipertensión

La fuerza de la sangre que fluye a través de los vasos sanguíneos se llama presión arterial. Esto se mide con dos parámetros: la sistólica y la diastólica.

La presión arterial sistólica es la presión ejercida sobre los vasos sanguíneos cuando el corazón se contrae. La presión diastólica es la presión ejercida sobre los vasos sanguíneos cuando el corazón está relajado.

La presión sanguínea normal oscila entre 100/60 y 120/80. El valor superior es la presión arterial sistólica. El valor más bajo es la presión arterial diastólica.

La presión sanguínea alta es cuando las lecturas están por encima de 140/90.

La presión arterial alta de la hipertensión es un problema de salud grave. Es ampliamente considerado como el asesino silencioso. No hay señales obvias de que alguien esté sufriendo esta condición. La gente cree que no está afectada, pero se enferma gravemente en un momento dado. Con mayor frecuencia, los síntomas aparecen cuando la persona ya tiene una presión arterial alarmantemente alta y el daño a los órganos ha sido grande.

Algunos de los síntomas de una persona con presión arterial extremadamente alta son:

- Dolor de cabeza severo
- Problemas de visión
- Fatiga o confusión
- Golpes en el pecho, cuello u oídos
- Dolor en el pecho
- Latidos irregulares del corazón
- Dificultad para respirar
- Sangre en la orina

Los expertos estiman que hay más personas con hipertensión de las que realmente se diagnostican debido a la ausencia de síntomas tempranos. Por eso la dieta DASH y la adopción de un estilo de vida saludable es recomendable para todos. Esta no es una dieta sólo para aquellos que ya han sido diagnosticados de hipertensión.

Capítulo 3: Características de la dieta DASH

Esta dieta se centra más en las opciones de alimentos vegetales saludables. La ingesta de fibra es muy recomendable. Los minerales y las vitaminas se obtienen de fuentes vegetales saludables. Las proteínas provienen tanto de fuentes vegetales como de fuentes animales magras. Estas se toman con moderación. También se incluyen las grasas saludables. Estas se toman en cantidades moderadas. La ingesta de sodio está controlada.

Las comidas son principalmente vegetales y frutas, junto con granos enteros. Las carnes y grasas se toman con moderación. Las carnes deben ser magras, con la misma cantidad de grasa visible y toda la piel eliminada antes de la cocción. Las aves de corral y el pescado también se incluyen como fuentes de proteínas y grasas saludables. Se incluye el lácteo, siempre y cuando sea sin grasa o con poca grasa.

El consumo de sodio en la dieta DASH sigue las pautas de los Estados Unidos para el consumo de sal. Algunas personas podrían necesitar reducir más su consumo de sal debido a ciertas condiciones de salud. Por ejemplo, las personas que sufren de insuficiencia cardíaca congestiva podrían tener que limitar severamente su consumo de sal. Las personas con presión arterial extremadamente alta también podrían tener que reducir su consumo de sodio más bajo que las pautas de los Estados Unidos. Algunas personas, por otro lado, podrían no necesitar tales restricciones. Los ejemplos son aquellos en medicamentos, actividades y condiciones de salud que requieren que tomen más sodio para un mejor balance de electrolitos.

La dieta DASH es considerada por algunas personas como la versión americana de la saludable dieta mediterránea. Estas dos dietas comparten muchas similitudes. Ambos se centran más en los alimentos vegetales, con una ingesta baja a moderada de alimentos animales y de base animal. También se incluye la leche, pero en cantidades bajas a moderadas. Las comidas también son ricas en nueces y semillas, así como en legumbres y frijoles. El grano entero también ocupa un buen porcentaje de cada comida.

Dieta DASH

La dieta DASH es originalmente para bajar la presión arterial. No era realmente un plan de pérdida de peso. Es una dieta flexible que permite a los seguidores elegir entre una gran variedad de alimentos. No hay una lista de alimentos estricta. La pauta más básica era comer más fibra de granos enteros, frutas y vegetales.

Años de investigación y la retroalimentación de aquellos que siguieron la dieta condujeron a algunas modificaciones. Estas modificaciones se basaron en los resultados de los estudios nutricionales. Por ejemplo, la investigación encontró que el azúcar y los granos refinados no son saludables. Los alimentos que contienen estos ingredientes ya no se recomiendan en la dieta DASH. Ahora se hace hincapié en los granos enteros. Ahora, la dieta DASH tiene varias versiones para necesidades específicas de salud y nutrición.

Recomendaciones del Plan de la Dieta DASH

El plan ofrece porciones sugeridas en grupos de alimentos importantes. Algunos dan recomendaciones para la ingesta diaria mientras que otros lo hacen para la ingesta semanal. Algunos alimentos necesitan ser consumidos diariamente para proveer las necesidades nutricionales diarias necesarias.

Las pautas de la Dieta DASH prevaleciente en cuanto a las porciones se basan en una asignación de dieta de 2,000 calorías por día.

Grupo de alimentos	Porciones diarias
Cereales	6–8
Frutas	4–5
Verduras	4–5
Carnes, aves y pescado	6 o menos
Grasas y aceites	2–3
Productos lácteos de bajo contenido en grasa o sin grasa	2–3
Sodio	2.300 mg*.

*Para el consumo de sodio, trabaje con un médico especialmente cuando otras enfermedades,

Dieta DASH

medicamentos o factores de riesgo estén presentes. Es posible que sea necesario restringir aún más el sodio a 1,500 mg para aquellas personas con mayor riesgo de padecer afecciones como la insuficiencia cardíaca congestiva.

Algunos grupos de alimentos no necesariamente tienen que tomarse todos los días. Las asignaciones de servicio semanales siguen siendo igual de importantes para la buena salud y la disminución de la presión arterial.

Grupo de alimentos	Porciones semanales
Dulces	5 o menos
Nueces, semillas, frijoles secos y guisantes	4–5

Capítulo 4: Grupos de alimentos de la dieta DASH

La dieta DASH promueve la ingesta diaria de grupos de alimentos específicos. Todos estos grupos de alimentos son altamente recomendables para ser consumidos diariamente, en ciertas porciones recomendadas. Las porciones recomendadas de cada grupo de alimentos están cuidadosamente diseñadas para que encajen en una dieta de 2.000 calorías por día.

Cereales

Este es un grupo alimenticio vital para la dieta DASH por muchas razones. Los granos son la mayor fuente de fibra y energía de la dieta.
La fibra ayuda a reducir los niveles de presión arterial de muchas maneras. Puede ayudar a reducir los niveles de colesterol en la sangre. Puede absorber toxinas y sustancias en exceso, sacándolo del cuerpo a través de su movimiento intestinal.

Dieta DASH

La fibra también ayuda al cuerpo a absorber más nutrientes de los alimentos. Al agregar granos, el cuerpo optimiza la digestión y la absorción de los alimentos. Los beneficios de estos nutrientes también pueden ser optimizados.

Porciones por día: 6 a 8

Las porciones de granos pueden incluir pasta, cereal, pan y arroz. Manténgase alejado de los granos refinados. Elija granos enteros en su lugar. Los granos enteros contienen más nutrientes y fibra en comparación con los granos refinados. El procesamiento refinado destruye la mayor parte de la fibra, donde se fijan la mayoría de los nutrientes.

Hacer mejores elecciones de alimentos a través de las sustituciones. En lugar de comer arroz blanco, coma arroz integral. Elija panes de grano entero y pasta de trigo entero en lugar de pasta regular y panes blancos.

Verduras

Las verduras frescas son ricas en minerales y vitaminas. Los minerales como el potasio y el magnesio ayudan al funcionamiento normal del sistema cardiovascular. El magnesio, por ejemplo, ayuda con el ritmo normal y la fuerza de las contracciones del corazón. Esto puede contribuir a una mejor regulación de la PA. El potasio ayuda a regular el volumen de la sangre. La cantidad de sangre que fluye a través de los vasos sanguíneos juega un papel importante en la regulación de la presión arterial.

La dieta DASH incorpora las verduras como un gran porcentaje de una comida, en lugar de ser sólo un acompañamiento o una guarnición. Se recomienda añadir una buena ración de verduras a los platos de pasta integral o sobre el arroz integral al vapor. Mezclar con fideos de trigo integral para obtener una comida principal abundante.

Tanto los vegetales frescos como los congelados pueden ser utilizados para diferentes recetas. Frescos y en temporada son siempre los mejores. En este período, los contenidos de minerales y vitaminas están en su punto máximo, sin mencionar el excelente sabor.

En el caso de las verduras congeladas, compruebe que no hay sodio añadido. Algunas verduras han añadido sal para servir como conservante natural.

Revise las etiquetas y elija vegetales congelados con menos o sin sal agregada.

Porciones por día: 4 a 5

Las porciones de vegetales incluyen una variedad de opciones. Hay verduras de hoja verde como la lechuga, la col, la col rizada, las espinacas y la rúcula. Hay varias variedades de calabazas, pimientos, rábanos y calabacines. Hay zanahorias, guisantes y berenjenas. Hay tantas opciones para mantener las comidas interesantes y sabrosas.

La dosis diaria recomendada es de 4-5. Será más fácil conseguir estas cosas si las verduras se tratan como parte del plato principal en vez de como aderezos o guarniciones. Las porciones de carne en una receta pueden reducirse a la mitad y reemplazarse con más verduras para aumentar la cantidad de verduras que se comen todos los días.

Frutas

Este es otro grupo alimenticio importante. Las fritas contienen minerales y vitaminas que mejoran la salud. La mayoría de estos actúan como antioxidantes. Las toxinas pueden contribuir a la presión arterial alta ya que causa daño a los tejidos y al revestimiento de los vasos sanguíneos. Las toxinas y los radicales libres también pueden causar desequilibrios que contribuyen a aumentar la presión arterial.

La mayoría de las frutas también son bajas en grasa. Algunos, como el coco, contienen grasa pero de la buena. La grasa monoinsaturada del coco es incluso buena para el corazón y los vasos sanguíneos. También puede disminuir la presión arterial y reducir el riesgo de enfermedades cardíacas.

Hay muchas maneras de incluir las frutas en la dieta diaria. Las frutas son bocadillos saludables. Tenga algunas frutas cortadas en recipientes pequeños como bocadillos listos para comer. También son opciones de postre más saludables para redondear una comida de la dieta DASH saludable y abundante. También puede agregar una pequeña porción de yogur saludable y bajo en grasa para hacer un regalo más delicioso.

Coma las frutas con la cáscara, si es posible. La mayoría de los antioxidantes y la fibra se encuentran en la cáscara. La textura y la acidez de la cáscara ayudan a crear un maravilloso sabor

Dieta DASH

que contrasta con la dulzura de la pulpa de la fruta.

Las frutas son saludables. Sin embargo, algunas frutas pueden interactuar con ciertos medicamentos, por lo que hay que tener cuidado. Por ejemplo, la toronja puede interactuar con algunos medicamentos antidepresivos. Otras frutas y jugos cítricos también pueden interactuar, por lo que se debe consultar con un médico.

Porciones por día: 4 a 5

La dieta DASH recomienda comer de 4 a 5 porciones de frutas al día. Las frutas frescas son las mejores, pero también puede comer frutas enlatadas o congeladas. Compruebe la etiqueta para ver que no hay azúcares añadidos. También revise si hay sodio agregado en estos productos.

Lácteos

Estas son excelentes fuentes de calcio, proteínas y vitamina D. Las proteínas ayudan a promover la reparación y el mantenimiento de los tejidos. Esto puede ayudar a reducir la inflamación debido a las lesiones de los tejidos. La reducción de la inflamación contribuye a reducir los niveles de presión arterial.

El calcio es un nutriente importante en la función muscular. Esto juega un papel importante en la regulación de la contracción de los músculos, incluyendo los músculos del corazón, los músculos de los tejidos y los músculos que recubren los vasos sanguíneos. Una cantidad saludable de calcio ayuda a que el corazón y los vasos sanguíneos se contraigan y se dilaten normalmente. Este es un gran paso hacia la reducción de la presión arterial. Los tejidos que también funcionan bien significan que hay menos resistencia al flujo sanguíneo, lo que lleva a una reducción de la presión arterial.

Sin embargo, es importante ser selectivo cuando se trata de productos lácteos. Elija productos lácteos bajos en grasa o sin grasa. De lo contrario, los productos lácteos se convierten en las principales fuentes de grasa en la dieta.

El tipo de grasa que contienen los productos lácteos no siempre es el tipo saludable. La mayoría de estas grasas son grasas saturadas. Este tipo de grasa contribuye enormemente al desarrollo de enfermedades cardiovasculares, incluyendo la hipertensión. Tenga en cuenta que no todas las grasas saturadas son malas. Estos todavía son usados por el cuerpo. Sin embargo, tomar demasiado puede causar algunos problemas de salud. Tomar productos lácteos con toda la grasa cada día da como resultado un gran consumo de grasas saturadas que pueden no resultar saludables para el cuerpo.

Para obtener los otros nutrientes de los lácteos pero no las grasas, elija las versiones sin grasa o con poca grasa.

Algunas personas pueden tener intolerancia a la lactosa. Esto no debería impedir que se tomen productos lácteos todos los días. Hay versiones sin lactosa disponibles para reducir los síntomas de la intolerancia a la lactosa. Otra opción es tomar la enzima lactasa. Este producto está disponible sin receta médica, lo que significa que no se necesita una receta médica para su compra. Esto puede ayudar a reducir los síntomas de la intolerancia a la lactosa cuando se consumen productos lácteos.

Tomar lácteos todos los días no es tan difícil. Además de beber un vaso de leche todos los días, se pueden añadir productos lácteos a varios platos. Estos pueden ser incluso alternativas más saludables a los apósitos comerciales ricos en sodio. Por ejemplo, en lugar del aderezo grasoso para ensalada César de la tienda, mezcle hierbas y especias con un poco de yogur bajo en grasa. En lugar de la salsa para pasta embotellada comercialmente alta en sodio y grasa, cocine la salsa blanca tibia con leche 1%. Haga las sopas más cremosas añadiendo un poco de leche descremada. Añada un chorrito de leche baja en grasa al café, al té, a los batidos y a los licuados. Cubra un tazón de fruta con yogur congelado para un delicioso postre o una merienda refrescante. Añada leche descremada, leche baja en grasa, leche al 1% o yogur al muesli o a los cereales integrales para el desayuno. Cubra el omelet de vegetales con queso sin grasa y bajo en sodio para un desayuno más sustancioso. Las opciones son infinitas.

Porciones por día: 2 a 3

La ingesta diaria recomendada de productos lácteos es de 2 a 3 porciones. Hay muchas opciones, no sólo la leche. Hay leche desnatada y yogur. La leche viene en numerosas versiones bajas en grasa como la leche 1%. Existen numerosos tipos de quesos. Tenga cuidado con las opciones de queso. Algunos tienen un alto contenido de sodio y grasas. Es mejor evitar el queso regular, especialmente el queso procesado. Incluso algunos quesos sin grasa pueden contener demasiado sodio, así que siempre revise la etiqueta.

Pescado, aves o carnes magras

Estas son fuentes ricas en proteínas. También son buenas fuentes de vitaminas B, zinc y hierro. Las carnes de órganos, por ejemplo, son ricas en hierro que ayuda a la producción adecuada de células sanguíneas. Esto contribuye a la regulación de la presión arterial normal.

Las grasas saludables también se pueden obtener de los peces. Los peces de agua fría como el salmón y el bacalao son ricos en ácidosomega-3.

Raciones por día: menos de 6 raciones

Las variedades magras son muy aconsejables. Apunte a obtener menos de 6 porciones por día. La dieta DASH en realidad sugiere reducir el consumo de carne y hacer espacio para más verduras.

Eliminar todas las grasas visibles de las carnes. Esto es muy recomendable cuando se come carne de ave, de res y de cerdo. Quita la piel, también. En las aves de corral, la mayor parte de la grasa se encuentra en la piel. Quítalo todo.

Las grasas de los peces son más saludables. Estos son los ácidos grasos omega-3 que protegen el cuerpo de las enfermedades cardiovasculares. También reduce la inflamación que contribuye al desarrollo de la hipertensión. Algunos pescados también contienen grasas monoinsaturadas. Este es otro tipo de grasa saludable que puede ayudar a promover una mejor salud y reducir la presión arterial.

Cocinar las carnes también es importante. Evite los platos y estilos de cocina que requieren grasas adicionales. Evite saltear, freír, etc. Evite también añadir ingredientes con alto contenido de sodio.

Las opciones de cocina saludable incluyen:

- Asado a la parrilla
- Vaporización
- Panadería
- Parrilla
- Tostado

Dieta DASH

Nueces, legumbres y semillas

Almendras, nueces de Brasil, semillas de calabaza, semillas de girasol, semillas de chía, lentejas, guisantes y muchos tipos diferentes de frijoles están todos incluidos en la dieta DASH. Estas son buenas fuentes de proteínas para las plantas. También son ricos en potasio y magnesio. Los fitoquímicos y la fibra también son abundantes en estos alimentos. Los fitoquímicos pueden ayudar a proteger el cuerpo de diferentes enfermedades cardiovasculares y ciertos tipos de cáncer.

Algunas personas se mantienen alejadas de las nueces por el contenido de grasa. Las nueces contienen grasas, pero del tipo saludable: grasas omega-3 y grasas monoinsaturadas.

Las nueces y las semillas son bocadillos saludables. Un puñado es suficiente, aunque hay que tener cuidado de no comer demasiado. Consigue los asados secos, no los fritos.

Las semillas y los frutos secos también son perfectos para añadirlos a diversos platos de la dieta DASH. Estos pueden ser crujientes a las ensaladas. También puede incrustar carnes magras en semillas o nueces trituradas para obtener una textura y un sabor interesantes. Las semillas de chía pueden ser añadidas a numerosas ensaladas, sopas y platos de carne. Estos pueden ser añadidos a los batidos también para un poco de crujido. Se pueden añadir almendras a los batidos para hacerlos más cremosos. Los cereales con un surtido de semillas y nueces, con unas pocas rebanadas de fruta, hacen una deliciosa comida de la dieta DASH que llena y es saludable para el corazón.

Hay una lista interminable de formas de comer más frijoles. Se pueden hacer sopas, chiles, frijoles horneados, al vapor, hervidos, etc.

Los frijoles de soya hechos en tofu y tempeh también son buenos para agregar. Estos pueden ser sustitutos más saludables de las carnes. Estos tienen un sabor carnoso y terroso que se puede añadir a numerosos platos. Los frijoles de soya contienen todos los aminoácidos esenciales que el cuerpo necesita.

Porciones por semana: 4 a 5

Tenga en cuenta que la dieta DASH recomienda este grupo de alimentos con 4-5 porciones por **semana**, no por día. Las calorías se sumarán. Es fácil terminar una gran bolsa de nueces en una sola sesión. Eso podría contener una cantidad sustancial de calorías.

Grasas y aceites

Las grasas y los aceites son nutrientes importantes. Algunas personas hacen esta pregunta:

¿No contribuyen las grasas y los aceites a las enfermedades cardiovasculares?

Sí y no.

Depende del tipo de grasas y de la cantidad que se consume regularmente.

En primer lugar, demasiada grasa saturada de malas fuentes es mala para la salud. En cantidades controladas y de fuentes saludables, las grasas saturadas son buenas para la salud.

El ácido graso Omega-3 es un buen tipo de grasa. Tiene numerosos beneficios que pueden ayudar a reducir la presión arterial. Reduce la inflamación, combate los radicales libres y promueve un mejor flujo sanguíneo.

Porciones por día: 2 a 3

Las grasas saludables son clave y con moderación. La dieta DASH promueve que la ingesta de grasa no supere el 30% de la ingesta diaria de calorías. Se hace hincapié en las grasas saludables como las grasas monoinsaturadas. Este tipo de grasa muestra una acción protectora sobre el sistema cardiovascular contra enfermedades como la formación de placa a lo largo de los vasos sanguíneos y la inflamación.

Al comer grasas, limite la ingesta de grasas saturadas. No tienes que eliminar totalmente esta grasa de la dieta. Es útil pero sólo en cantidades controladas. Mantenga la ingesta de grasas saturadas a no más del 6% del total de la ingesta de calorías diarias. Las grasas saturadas se encuentran en alimentos como:

- Leche entera
- Queso
- Carne
- Huevos
- Crema
- Mantequilla
- Alimentos hechos con aceites de coco y palma
- Alimentos hechos con manteca sólida
- Alimentos hechos con manteca de cerdo

Dieta DASH

Las grasas trans deben ser evitadas. Numerosas investigaciones demostraron que las grasas trans son inutilizables en el cuerpo. Además, las grasas trans están fuertemente vinculadas al desarrollo de enfermedades cardiovasculares, obesidad y cáncer. Esta forma artificial y poco saludable de grasa se puede encontrar en alimentos procesados como galletas, alimentos fritos y productos horneados.

Dulces

Los dulces todavía pueden ser disfrutados por aquellos que están en la dieta DASH. Sin embargo, esto debe ser en porciones controladas. Los intercambios saludables también pueden ayudar a disfrutar de esas golosinas sin contener calorías.

Se deben evitar los azúcares refinados. Estos son altos en calorías pero vacíos en nutrición. Evite todos los alimentos que contengan azúcar refinada como las papas fritas y los dulces procesados.

Se pueden utilizar edulcorantes artificiales, pero de forma sensata. Incluso esto puede volverse insalubre si se usa en exceso. El aspartamo y la sucralosa son edulcorantes artificiales comunes que pueden utilizarse. El aspartamo se comercializa como Equal y NutraSweet. La sucralosa se comercializa como Splenda.

La cola dietética puede ser cambiada por la cola regular. Sin embargo, es mejor tomar bebidas más saludables como agua simple y leche baja en grasa.

Porciones por **semana**: *5 o menos*

La dieta DASH permite la elaboración de dulces, en porciones controladas. Elija las versiones con bajo contenido de grasa o sin grasa. Los ejemplos son:

- Galletas bajas en grasa
- Galletas Graham
- Gominolas
- Helados de frutas
- Sorbetes
- Caramelos duros

Alcohol, Cafeína

Estos dos están todavía permitidos pero en cantidades limitadas. Beber demasiada cafeína y alcohol puede aumentar los niveles de presión arterial.

La dieta DASH sigue las guías alimentarias para los estadounidenses en lo que respecta al consumo de alcohol. Los hombres deben tener cuidado de no tomar bebidas alcohólicas que excedan de 2 bebidas por día. Las mujeres no deben tomar más de una bebida al día.

Con la cafeína, no hay una pauta clara. El efecto exacto de la cafeína en la presión arterial aún no está definido. Algunas personas experimentan un aumento de la presión arterial después de consumir ciertas cantidades de cafeína. Algunas personas no lo hacen.

Lo que está claro es que la cafeína puede elevar la presión arterial temporalmente, como mínimo. La subida podría mantenerse durante unas horas. Todavía no hay una pauta definitiva sobre qué niveles de cafeína crean qué rango de aumento de la PA. Se trata principalmente de respuestas individuales. Algunas personas experimentan un enorme aumento de la presión arterial después de consumir una taza de expreso. Algunas personas pueden experimentar sólo un pequeño aumento con esa misma cantidad de cafeína.

La regulación de la cafeína se basa principalmente en la colaboración estrecha con un médico. Si una persona siente que el consumo de cafeína puede afectar sus niveles de presión arterial, hable con un médico para una mayor evaluación y posibles medidas a tomar.

Capítulo 5: Control de porciones y tamaños de porción

El control de las porciones es un componente vital en la dieta DASH. No puede esperar bajar su presión arterial mientras se deleita con queso o salmón. No puede esperar cumplir sus objetivos de pérdida de peso mientras se amontona en almendras. La buena salud no será el resultado de comer demasiadas frutas o de comer un solo grupo de vegetales. Todos los beneficios de la dieta DASH sólo se pueden lograr comiendo comidas bien balanceadas.

El equilibrio se logra asegurando que se incluyan ciertos grupos de alimentos en cada comida. Estos grupos de alimentos son los granos enteros, las carnes (o las aves de corral, los mariscos), las verduras, las frutas, los aceites, las grasas y los productos lácteos.

Porciones de dieta DASH por grupo de alimentos

Como se ha discutido en detalle en el capítulo anterior, a continuación se presenta un resumen de las raciones recomendadas para varios grupos de alimentos:

- Granos: 7-8 porciones diarias
- Frutas: 4-5 porciones diarias
- Verduras: 4-5 porciones diarias
- Pescado, carne y aves: 2 o menos porciones diarias
- Productos lácteos, sin grasa o bajos en grasa: 2-3 porciones diarias
- Grasas, aceites: 2-3 porciones diarias
- Semillas, nueces y frijoles secos: 4-5 porciones por semana
- Dulces: trate de limitar a menos de 5 porciones por semana

¿Cuánto cuesta una porción?

La dieta DASH recomienda 6-8 porciones de granos enteros cada día. Una porción típicamente se parece a cualquiera de estos:

- 1 onza de cereal seco
- ½ taza de pasta, arroz o cereal cocido
- 1 rebanada de pan integral

Una porción de vegetales se parece a cualquiera de estos:

- ½ taza de vegetales rebanados cocidos o crudos
- 1 taza de verduras de hoja verde crudas

Una porción de frutas puede ser cualquiera de las siguientes:

- Una fruta mediana
- ½ taza de frutas cortadas, congeladas, enlatadas o frescas
- 4 onzas de jugo de fruta

Una porción de lácteos se parece a cualquiera de estos:

- 1 taza de yogur bajo en grasa

- 1 taza de leche 1%.
- 1 taza de leche descremada
- 1 ½ onzas de queso parcialmente descremado
- 8 onzas de leche

Una porción de semillas, nueces y legumbres se parece a cualquiera de estos:

- 2 cucharadas de semillas
- ½ taza de guisantes o frijoles cocidos
- 1/3 taza de nueces

Una porción de grasa se parece a cualquiera de estos:

- 1 cucharada de mayonesa
- 2 cucharadas de aderezo para ensaladas
- 1 cucharadita de margarina suave
- 1 cucharadita de aceite de oliva (o cualquier otro aceite)

Una porción de dulces se parece a cualquiera de estos:

- 1 cucharada de azúcar, mermelada o jalea
- 1 taza de limonada

- ½ taza de sorbete

Una porción de carne, pescado y aves de corral se parece a cualquiera de estos:

- 3 onzas de tofu
- 3 onzas de carne cocida

Porciones por día

En el capítulo anterior, las recomendaciones de consumo se basaban en una dieta de 2.000 calorías. Esto es lo que la mayoría de las personas recomiendan y siguen cuando adoptan el plan de la dieta DASH.

Algunas personas pueden seguir las 1.500 calorías por si intentan perder peso. Algunas personas pueden necesitar un mayor consumo de calorías para sus objetivos de salud individuales (por ejemplo, los que necesitan reforzar, etc.).

Capítulo 6: Lista de alimentos de la dieta DASH

La dieta DASH tiene un alto contenido de frutas, granos y vegetales. Para la dieta DASH para la hipertensión, también se incluyen los lácteos, las carnes magras, las aves y el pescado. Los dulces también están permitidos.

Para tener una mejor idea de los alimentos recomendados por el plan de la dieta DASH, he aquí una lista completa.

Frutas

- Manzanas
- Bayas
- Plátanos
- Uvas
- Uvas Pasas
- Cal
- Limón
- Piñas

Dieta DASH

- Pera

Verduras

- Alcachofas
- Pimientos morrones
- Brócoli
- Zanahorias
- Repollo
- Coliflor
- Judías verdes
- Maíz
- Lechuga
- Setas
- Cebollas
- Patatas
- Calabaza
- Germinados

Carnes, Mariscos

- Pollo
- Carne de vacuno
- Huevos
- Salmón
- Turquías
- Gambas

Panes, granos

- Arroz integral
- Cereal de grano entero
- Cebada
- Algo de avena
- Pan integral
- Pasta integral
- Tortillas integrales
- Arroz salvaje

Nueces, semillas

- Cacahuetes
- Almendras
- Pacanas
- Anacardos
- Nueces
- Semillas de calabaza

Lácteos

- Queso Cottage
- Yogur sin grasa
- Queso reducido en grasas
- Leche sin grasa
- Crema agria
- Margarina

Capítulo 7: La dieta DASH y la pérdida de peso

La dieta DASH fue creada originalmente para pacientes hipertensos. Es un plan de dieta saludable y sus beneficios se extienden más allá de la reducción de la presión arterial. También se puede utilizar como un plan de dieta efectivo y sostenible para la pérdida de peso. Además, lo más probable es que a una persona hipertensa se le aconseje que pierda peso. El exceso de peso corporal es uno de los principales factores de riesgo de la hipertensión.

Seguir la dieta DASH es en realidad una forma brillante de mantenerse saludable y lograr un cuerpo más delgado. La dieta DASH también puede promover la pérdida de peso. Cuando se elimina el exceso de peso, la hipertensión puede reducirse aún más. Es un ciclo que promueve mayores beneficios a medida que avanza.

Cómo la dieta DASH puede ayudar a la pérdida de peso

La dieta DASH recomienda comer más granos enteros, vegetales y frutas. Estos son el núcleo de la mayoría de los planes de dietas de pérdida de peso. Estos son en fibra y bajos en calorías. Para perder peso, una persona debe reducir la ingesta de calorías. Esto normalmente significa comer con menos frecuencia y con menos porciones. Los granos, las verduras y las frutas permiten a una persona comer más porciones y más a menudo sin cargar con calorías.

La fibra también ayuda a una persona a sentirse llena más pronto en una comida. Esto ayuda enormemente a controlar el tamaño de las porciones. La fibra también ayuda a sentirse lleno por más tiempo. Esto ayuda a reducir la frecuencia de las comidas.

Los granos, vegetales y frutas también son ricos en micronutrientes como vitaminas y minerales. Estos ayudan a mejorar las funciones de los tejidos para una mejor absorción y uso de los nutrientes. Esto ayuda a acelerar la pérdida de peso y a mantenerla.

Ver, la mala nutrición de los tejidos contribuye al aumento de peso. Si las células no están absorbiendo suficientes nutrientes, se crearán señales de hambre. Comerá más y absorberá menos. Los nutrientes no absorbidos pueden ser convertidos en grasas que contribuyen al aumento de peso y a la obesidad.

Las otras opciones saludables también ayudan a perder peso. Por ejemplo, la D
dieta DASH recomienda carnes magras y carnes animales más saludables como aves y pescado. Estas elecciones son otros factores importantes en los planes de pérdida de peso.

La dieta DASH también promueve porciones específicas para cada grupo de alimentos. Esto ayuda a regular el tamaño de las porciones y a controlar aún más la ingesta de calorías. Esto, de nuevo, es un factor importante cuando se trata de perder peso.

La Dieta DASH también tiene que ver con una vida saludable. Promueve no sólo una dieta saludable sino también el ejercicio regular. En la pérdida de peso, la dieta juega un papel importante, ya que el ejercicio tiene menos impacto en la pérdida de peso. Sin embargo, el ejercicio regular puede ayudar a acelerar el metabolismo. También contribuye a quemar el exceso de grasas y a movilizar las grasas almacenadas para convertirlas en energía utilizable.

Capítulo 8: Consejos para cambiar a la dieta DASH

Para algunas personas, hacer el cambio a la dieta DASH puede ser todo un reto. Esta dieta no es un plan de alimentación temporal. Para que la dieta DASH funcione y baje efectivamente la presión arterial, este plan de alimentación debe ser adoptado y tratado como un estilo de vida. No es algo que se pueda seguir sólo por unas semanas o días. Tiene que ser un plan de alimentación para toda la vida.

Para facilitar el cambio, consulte estas estrategias.

Cambio gradual

Déle tiempo al cuerpo y a la mente para que se acostumbren al cambio. Para alguien que solía comer mayormente granos refinados y productos de azúcar refinada, comer mayormente vegetales y granos enteros puede ser bastante desafiante. Limitar las carnes grasosas y los productos lácteos de crema completa puede hacer que las comidas tengan un aspecto más suave.

Dieta DASH

Además, una persona que no esté acostumbrada a comer mucha fibra puede experimentar molestias con un cambio repentino a una dieta rica en fibra. Los efectos secundarios pueden incluir hinchazón, gases y estreñimiento o diarrea. Déle tiempo al cuerpo para que se adapte y reduzca estas molestias.

Como se mencionó anteriormente, la dieta DASH es más un estilo de vida que una dieta temporal. Los beneficios obtenidos de esta dieta no se mantendrán si la persona vuelve a comer de forma poco saludable, es decir, si come grasas no saludables, granos refinados y azúcares refinados.

Haga cambios graduales.

No se espera que nadie haga un cambio completo de 180 grados a la dieta DASH en un día.

El hecho de facilitar gradualmente la vida de la dieta DASH hace que sea más fácil cumplir con las directrices. También será más fácil tomar la dieta DASH como estilo de vida que cuando se cambian rápidamente las dietas.

Pruebe estos consejos para hacer cambios graduales para cambiar al estilo de vida de la dieta DASH:

- Mezcle los granos enteros en las comidas habituales a base de granos. Por ejemplo, si usted usualmente come un panini para el almuerzo, trate de comerlo con panecillos de grano entero. En lugar de cereales en caja, pruebe a tomar muesli. En lugar de una barra de chocolate, pruebe con algunas barras de granola (bañadas en chocolate oscuro si no quiere renunciar a alguna indulgencia dulce).

- Para obtener más verduras, pruebe un sándwich de cara abierta o deshágase del pan blanco por completo. En lugar de verduras como meros adornos de la guarnición, intente tener platos que resalten las verduras. Por ejemplo, en lugar de un bistec con una guarnición de ensalada de col, pruebe la pasta integral con tomates secados al sol, un montón de espinacas y champiñones shiitake cubiertos con unas pocas rebanadas finas de carne.

- Pruebe con los jugos o la mezcla. Los jugos y batidos verdes son excelentes y convenientes para obtener más porciones sin tener que comer montones de comida todo el día. Un vaso de licuado verde ya puede contener unas 2 porciones de vegetales, ½ porción de fruta, una porción de semillas y ½ porción de lácteos sin grasa o bajos en grasa. Trate de traducir esa cantidad de porciones en alimentos enteros. Serán unos dos platos de comida.

- No te pases con los frijoles. Estos son altos en fibra y proteínas vegetales a los que toma algún tiempo acostumbrarse. Empiece con una cucharada o 2 de frijoles sobre el arroz o la pasta. No te comas un burrito entero si es la primera vez que comes frijoles o fibra. Hay productos de venta libre disponibles para ayudar con los gases y la hinchazón cuando se come mucha fibra y frijoles.

- Elija cortes de carne más magros. Elimine las grasas visibles y la piel antes de la cocción. Por ejemplo, utilice pechuga de pollo sin piel en lugar de muslos de pollo con piel. Limite las comidas a base de carne a 1 comida por día. Aprenda a disfrutar de otros sabores y texturas de vegetales, aves y mariscos también.

- Pruebe los hongos. La dieta DASH no tiene por qué ser sin carne. Sin embargo, el consumo de carne debe ser reducido. Añadir hongos puede ayudar a dar a los platos algunos sabores terrosos, como los de la carne. El ejemplo es el hongo shiitake.

Perdónese a usted mismo

La dieta DASH puede parecer limitante para algunos, pero da lugar a errores. Es indulgente. Cuando cometa errores (y esto sucederá incluso con la persona más disciplinada en su dieta), perdónese a sí mismo y siga adelante. Una hamburguesa con queso de su comida rápida favorita o una comida abundante de un restaurante no es el día del juicio final. Siempre hay un mañana para compensar cualquier desliz. Para reducir la recurrencia de los errores, conozca los factores desencadenantes. Esta información ayudará a evitar situaciones que causen deslices y errores.

Por ejemplo, ir a una cafetería provoca un antojo de sándwich de tocino en pan blanco. Pasar por un establecimiento de comida rápida hace imposible resistirse a unas papas fritas grasosas y saladas. Evita estos lugares, entonces.

Las situaciones también pueden desencadenar errores. Una fiesta puede ser fácilmente un lugar para comer comidas saladas para picar, platos grasos y alimentos hechos con harinas, granos y azúcares refinados. Esta es también una situación en la que es fácil beber demasiado alcohol.

Si no puedes evitar estos lugares y situaciones, entonces prepárate para ello. Comer una comida de la dieta DASH saludable antes de reunirse con otros para una fiesta o alguna reunión ayuda. Un estómago lleno hace más fácil mantener la resolución de no pedir algo que no sea de la dieta DASH.

Recompénsese

Mantén tu motivación alta recompensándote a ti mismo. Las recompensas no tienen que ser comida. Por ejemplo, la evaluación de sus logros semanales mostró que usted pudo mantenerse dentro de las recomendaciones de la dieta. Marque eso como un logro y regálese una película o un nuevo gancho. Un tratamiento de spa también es bueno para relajar tanto la mente como el cuerpo.

Pruebe nuevos sabores y texturas

Las carnes no son los únicos ingredientes sabrosos que hay. La sal no es el único ingrediente que resalta los sabores. Esté abierto a probar nuevos sabores y texturas.

- Usa hierbas... muchas. Las hierbas son excelentes para hacer los platos de verduras más apetitosos. Los platos de carne son mucho más sabrosos, más sabrosos y más sabrosos que los de verdura. Para dar más carácter a las verduras, pruebe a añadir hierbas. Un toque de pimienta y chile anima las ensaladas de hojas verdes. El eneldo, la albahaca y el tomillo picados dan a los platos de verdura un aroma atractivo. Las sopas de verdura pueden ser todavía sabrosas con algunas hierbas como el estragón y el romero.
- Use la mitad de sal, la mitad de hierbas.

Sustituciones más saludables

El plan de la dieta DASH todavía permite a las personas disfrutar de sus comidas favoritas, pero ahora de una manera más saludable. Tome estas recomendaciones para hacer comidas más saludables sustituyendo ciertos ingredientes. Estas sustituciones hacen que las comidas sean más en linea con la dieta DASH pero sin sacrificar mucho de los sabores y texturas a los que el paladar está acostumbrado.

Carnes

En lugar de:

    Carne de charcutería regular

Elija:

    Carne de charcutería específicamente baja en sodio

Mejor elección:

    Carnes frescas cocinadas en menos aceite

Frijoles

En lugar de:

    Frijoles enlatados regulares, líquido escurrido

Elija:

Bajo en sodio o sin sal, enjuagado

Mejor elección:
Frijoles secos caseros

Verduras

En lugar de:
Verduras regulares en lata, líquido escurrido

Elija:
50% menos de sal en la versión de verduras enlatadas, líquido escurrido

Mejor elección:
Versión sin sal de las verduras enlatadas, escurridas y luego enjuagadas

La mejor opción:
Verduras frescas

Pan

En lugar de:
Pan de maíz
Galletas en lata

Elija:
Panecillos ingleses
Pan regular

Mejor elección:
Panes integrales como los bagels de trigo integral

Panes de grano entero como el pan de centeno

Queso

En lugar de:

> Quesos secos y curados
>
> Queso procesado
>
> Queso azul
>
> Queso romano
>
> Parmesano

Elija:

> Queso natural y fresco como mozzarella, Colby-Jack, gouda, brie y cheddar

Mejor elección:

> Variedades de bajo contenido en sodio
>
> queso suizo

Mezcla de nueces

En lugar de:

> Salado

Elija:

> Ligeramente salado

Mejor elección:

> Sin sal

Condimentos

En lugar de:

> Sal

Sal de ajo

Elija:

Ajo en polvo

Mejor elección:

Condimentos sin sal

Hierbas frescas

Especias frescas

Hierbas y especias secas o en polvo

Palomitas de maíz

En lugar de:

Comercial

Tapado de aceite

Mejor elección:

Air-popped

Mantequilla de maní

En lugar de:

Reducido en grasa o ligero (el aceite de cacahuete es un aceite saludable, por lo que no hay necesidad de alejarse de él)

Elija:

Regular

Mejor elección:

Muy bajo en sodio

Dieta DASH

Capítulo 9: Consejos para reducir su consumo de sodio

El sodio es otro factor importante en la dieta DASH. Ya sea que usted esté tratando de perder peso, mejorar la salud, o reducir la BP, es importante monitorear su consumo de sodio.

En el cuerpo, el sodio es importante en la regulación de los fluidos y electrolitos. También es importante en las contracciones musculares, incluyendo las del corazón y las paredes de los vasos sanguíneos.

El sodio tiende a atraer el agua. Si usted tiene altos niveles de sodio en la sangre, el volumen de la sangre aumenta. Más fluidos se unirán a la sangre que circula. Un mayor volumen de sangre hará que el corazón se contraiga con más fuerza. Tanto el volumen más alto como las contracciones del corazón del larguero contribuyen a niveles más altos de BP.

Cuando hay muchos fluidos en la sangre, la absorción de nutrientes se vuelve menos eficiente. Habrá más líquidos entrando y saliendo de las células, pero con menos nutrientes entrando en las células. Esto puede conducir a una mala nutrición que puede contribuir al aumento de peso. Si las células no están absorbiendo suficientes nutrientes, se crearán señales de hambre. Comerás más y absorberás menos. Los nutrientes no absorbidos pueden ser convertidos en grasas que contribuyen al aumento de peso y a la obesidad.

Puedes observar esto la próxima vez que comas una bolsa de papas fritas. Observe que aunque haya terminado una bolsa grande entera, todavía no se siente lleno. Dentro de una hora, sentirás hambre de nuevo y estarás listo para devorar una gran hamburguesa con queso grasiento.

Los alimentos naturales contienen sodio. Estos se llaman sodio dietético. Esto no es una preocupación real en materia de salud. Lo que más preocupa es la sal añadida.

Los alimentos procesados y las comidas de los restaurantes a menudo contienen mucho sodio añadido. Nuestras papilas gustativas se han acostumbrado a comer estos alimentos a los que también estamos acostumbrados a grandes cantidades de sodio. Creemos que los alimentos son sosos si no se les añade sal.

Dieta DASH

Así como nuestras papilas gustativas se han acostumbrado al sodio añadido, nuestras papilas gustativas pueden ser entrenadas para disfrutar de los alimentos sin sales añadidas. Además, la dieta DASH no erradica totalmente el sodio de la dieta. De nuevo, el sodio ES importante. Contribuye al problema si se toma en grandes cantidades - más de lo que el cuerpo necesita diariamente.

El cuerpo tiene la capacidad de excretar el exceso de sodio, al igual que con cualquier cosa en exceso. Sin embargo, las dietas modernas contienen demasiado sodio, mucho más de lo que los riñones pueden manejar. Los riñones son responsables de mezclar el exceso de sodio en la orina para su excreción.

Recomendación de sal en la dieta DASH

El plan de la dieta DASH recomienda que el consumo de sodio sea de alrededor de 2.300 mg. Esto es aproximadamente una cucharadita de sal. A primera vista, la mayoría de la gente dirá que no es posible comer tanta sal. Sin embargo, ciertos alimentos contienen grandes cantidades de sal enmascaradas.

Por ejemplo, una lata normal de tomates cortados en cubos puede contener alrededor de 150 mg de sodio por porción. Una puede contener 3 porciones de ½. Si usted come un plato que utiliza una lata entera, eso será 1,050 mg ya. ¿Qué hay del contenido de sodio inherente de los otros ingredientes de ese plato? Eso es sólo una comida/plato para el día.

Cereales listos para comer,

Algunas variaciones de la dieta DASH requieren una mayor restricción de sodio. La ingesta puede reducirse aún más a 1.500 mg.

Sin embargo,

¿Por qué reducir el consumo de sal?

La reducción de sal puede ayudar a salvar vidas. En el Reino Unido, se han evitado miles de muertes relacionadas con problemas cardiovasculares, según numerosas investigaciones. Por ejemplo, un estudio encontró que reducir la ingesta diaria de 10 g a 6 g podría reducir la presión arterial, reducir las muertes por

Dieta DASH

apoplejía en un 16% y reducir las muertes por enfermedad de las arterias coronarias en un 12%. Otro estudio encontró que el consumo excesivo de sal se acumula y los efectos se observan después de muchos años. En este estudio, el incremento del consumo de sodio en 6 gramos cada día durante 30 años puede llevar a un incremento de la BP sistólica en 9 mmHg.

Un estudio demostró si la sal juega un papel en la reducción de la presión arterial. Tanto las personas normotensas (BP normal) como las hipertensas fueron sometidas a la reducción de sal. La ingesta diaria de sal se redujo en 6 gramos por decilitro de sangre. Tanto los individuos normotensos como los hipertensos experimentaron una reducción de la presión arterial. Los sujetos normotensos experimentaron una reducción de 4/2 mmHg (reducción de 4 mmHg en la PA sistólica y reducción de 2 mmHg en la PA diastólica). Los sujetos hipertensos experimentaron una reducción de 7/4 mmHg.

La reducción de la ingesta de sal también se considera la forma más rápida de reducir la presión arterial. La respuesta puede verse en unos pocos días. Un menor consumo de sal puede ayudar al cuerpo a utilizar el sodio presente en el cuerpo. Esto también le da al cuerpo la oportunidad de empezar a eliminar el sodio que se ha acumulado y excretarlo a través de los riñones.

Consejos para reducir el consumo de sal

Los alimentos del plan de la dieta DASH ya son naturalmente bajos en sodio. De nuevo, la clave es volver a añadir sal.

A continuación se presentan algunas estrategias para ayudar a reducir aún más el consumo de sodio:

- Utilice aromas y especias. Sin embargo, compruebe que no contengan sodio. Algunos condimentos y especias comprados en la tienda contienen sal agregada.

- No añada sal cuando cocine cereales, pasta o arroz calientes. Estas pueden tener un sabor suave al principio, pero las papilas gustativas se ajustarán en unos pocos días.

Es hora de dejar la forma tradicional de añadir sal al agua cuando se cocina la pasta. Añadir algunas especias puede ayudar a hacer estos alimentos más sabrosos. Algunos ejemplos son añadir curry al arroz, un poco de albahaca a la pasta o un poco de canela a los cereales calientes.

- Escurra y deseche los líquidos de los alimentos enlatados y luego enjuague bien con agua. Esto puede eliminar una buena cantidad de sodio de estos alimentos. Si es posible, remoje los alimentos enlatados en agua durante unos minutos para eliminar más sal. Por ejemplo, remoje los frijoles enlatados de 30 minutos a una hora antes de usarlos para quitarles la sal.

- Revise las etiquetas. Elija alimentos que estén etiquetados como "bajos en sodio", "muy bajos en sodio", "sin sodio", "con bajo contenido de sodio" o "sin sal". Busque etiquetas específicas sobre el contenido de sodio. Algunos productos con etiquetas que indican un menor contenido de sodio pueden resultar ser todavía altos en sal.

Además, la grasa baja no siempre es baja en sodio. Incluso algunos alimentos saludables pueden ser altos en sodio, como las rebanadas de pavo de la charcutería. Compruebe si hay sal añadida mirando las etiquetas y/o preguntando cómo se hizo la comida (pida específicamente la sal añadida).

- Empieza despacio. Una de las principales razones por las que a la gente le resulta difícil cumplir con la dieta DASH es la blandura. Los alimentos tendrán un sabor suave si el paladar está acostumbrado a los sabores altos en sodio. Empiece por reducir el uso de sal gradualmente hasta que se alcance el nivel de consumo de sodio deseado. Esta estrategia ayuda a las papilas gustativas a ajustarse y la comida ya no tendrá un sabor insípido.

- Empiece por reducir la cantidad de alimentos procesados utilizados. Utilice más ingredientes frescos en su lugar. Por ejemplo, en lugar de salsa para pasta comprada en la tienda, haga salsa fresca desde cero. Otros alimentos que deben evitarse incluyen:

- Pizza congelada
- Cenas congeladas
- Pasta empacada, mezclas de granos y arroz saborizado
- Alimentos para bocadillos como pretzels salados, papas fritas y galletas saladas
- Verduras, sopas y caldos enlatados
- Condimentos como la salsa barbacoa, la salsa de soja y el ketchup

• Elija un estilo de preparación de alimentos menos sódicos. Por ejemplo, utilice carne y aves de corral frescas sin piel y magras en lugar de las procesadas, ahumadas o enlatadas. Estos procesos utilizan mucha sal.

- Aprende a cocinar en casa. Esto permite un mayor control sobre la cantidad de sal que entra en los alimentos. Los alimentos de los restaurantes y establecimientos de comida rápida suelen contener mucha sal. También es difícil obtener información sobre la cantidad exacta de sal que se añade a los alimentos, lo que dificulta los ajustes en la ingesta diaria de sodio.

- La sal no es lo único que da sabor a la comida. Aprenda otros sabores de las diversas hierbas y especias disponibles. Las frutas como las limas y los limones dan un agradable y refrescante sabor a las comidas sin tener que usar sal adicional.

Capítulo 10: Plan de comidas de siete días de la dieta DASH

Este es un plan de alimentación de siete días que le ayudará a ver cómo es la alimentación en la dieta DASH. Usted puede usar este plan de dieta para comenzar su viaje para reducir la presión arterial, la pérdida de peso y una mejor salud.

Tenga en cuenta que esto se basa en una dieta de 2.000 calorías por día. Además, tenga en cuenta que la ingesta de calorías diarias no siempre debe ser exactamente de 2.000 calorías. Hay días en los que la ingesta de calorías puede exceder un poco la recomendación. Esto se puede equilibrar con días en los que la ingesta de calorías es inferior a 2.000 calorías.

1er día

Para el Desayuno
- 1 panecillo de trigo integral comprado, untado con 2 cucharadas de mantequilla de cacahuete sin sal añadida
- 1 naranja mediana

- Café descafeinado
- 1 taza de leche sin grasa

Para el almuerzo
- 12 piezas de galletas de trigo con contenido de sodio reducido
- Ensalada de espinacas:
    - 4 tazas de hojas de espinaca fresca
    - 1/2 taza de secciones de mandarina en lata
    - 1 pera en rodajas
    - 2 cucharadas de vinagreta de vino tinto
    - 1/3 taza de almendras cortadas en rodajas
- 1 taza de leche sin grasa

Para la Cena
- 3 onzas de bacalao horneado con corteza de hierbas
- 1/2 taza de arroz integral con verduras
- 1/2 taza de judías verdes frescas al vapor
- 1 panecillo de masa madre pequeño

Dieta DASH

- 1 taza de bayas frescas y un poco de menta picada
- 2 cucharaditas de aceite de oliva
- 1 vaso de té helado de hierbas

Para los bocadillos (se comen a cualquier hora del día)

- 4 obleas de vainilla
- 1 taza de yogur bajo en calorías y sin grasa

Análisis nutricional

- Calorías: 2.015
- Grasa total: 70 g
- Grasa monoinsaturada: 25 g
- Grasa saturada: 10 g
- Colesterol: 70 mg
- Grasa trans: 0 g
- Total de carbohidratos: 267 g
- Azúcares: 109 g
- Fibra dietética: 39 g
- Proteína: 90 g
- Potasio: 3.274 mg

- Sodio: 1,607 mg
- Calcio: 1,298 mg
- Magnesio: 394 mg

Porciones de la dieta DASH

- Verduras: 5
- Granos y productos de granos: 7
- Frutas: 4
- Carnes, pescados y aves: 3
- Alimentos lácteos (sin grasa o bajos en grasa): 3
- Grasas y aceites: 3
- Nueces, frijoles secos y semillas: 2
- Sweets: 1

2º día

Para el Desayuno

- 1 panecillo de salvado con 1 cucharadita de margarina sin grasas trans
- 1 taza de frutas frescas mezcladas, por ejemplo: plátano, manzana, bayas y melones, cubiertas con 1/3 taza de nueces

Dieta DASH

tostadas y 1 taza de yogur bajo en calorías sin grasa y con sabor a vainilla

- 1 taza de leche sin grasa
- 1 vaso de té de hierbas

Para el almuerzo

- Envoltura de pollo al curry:
    - 1 tortilla de trigo integral mediana
    - 2/3 taza de pollo cocido picado
    - 1/2 taza de zanahorias pequeñas crudas
    - 1/2 taza de manzana picada
    - 2 cucharadas de mayonesa ligera
    - 1/2 cucharadita de polvo de curry
- 1 taza de leche sin grasa

Para la Cena

- 1 taza de espaguetis integrales cocidos mezclados con 1 taza de salsa marinara (no añadir sal)
- 1 rollo de trigo integral
- 2 tazas de hojas verdes mixtas para ensalada rociadas con 1 cucharadita de

aceite de oliva y mezcladas con 1 cucharada de aderezo César, bajo en grasa

- 1 nectarina
- Agua con gas

Para los bocadillos (se comen a cualquier hora del día)
- Mezcla de rastro hecha con:
  - 1 onza de mini pretzels twist, variedad sin sal
  - 1/4 taza de pasas de uva
  - 2 cucharadas de semillas de girasol

Análisis nutricional
- Calorías: 2.193
- Proteína: 95 g
- Hidratos de carbono totales: 324 g
- Azúcares: 135 g
- Fibra dietética: 38 mg
- Grasa total: 70 g
- Grasa monoinsaturada: 16 g
- Grasa saturada: 11 g

Dieta DASH

- Colesterol: 99 mg
- Grasa trans: 0 g
- Potasio: 4.219 mg
- Calcio: 1,370 mg
- Sodio: 1,854 mg
- Magnesio: 495 mg

Raciones DASH

- Verduras: 5
- Granos y productos de granos: 7
- Frutas: 5
- Carnes, aves y pescado: 3
- Alimentos lácteos (sin grasa o bajos en grasa): 3
- Grasas y aceites: 3
- Nueces, semillas y frijoles secos: 2
- Sweets: 0

3º día

Para el Desayuno

- 1 taza de avena cocida a la antigua, espolvoreada con 1 cucharadita de canela

- 1 plátano
- 1 rebanada de pan integral tostado con 1 cucharadita de margarina sin grasas trans
- 1 taza de leche sin grasa

Para el almuerzo
- 8 galletas de tostada melba
- Ensalada de atún servida sobre 2 tazas de lechuga romana

    *para la ensalada de atún
    - 1/2 taza de atún sin sal y envasado en agua, escurrido
    - 15 uvas
    - 2 cucharadas de mayonesa, variedad sin grasa
    - 1/4 taza de apio cortado en cubos
- 1 taza de leche sin grasa

Para la Cena
- Brocheta de carne y verduras:
    - 1 taza de tomates cherry, champiñones, cebollas y pimientos
    - 3 onzas de carne de vacuno

Dieta DASH

- 1 taza de arroz salvaje cocido
- 1 taza de trozos de piña
- 1/3 taza de nueces
- Un refresco de arándano y frambuesa:
    - 4 a 8 onzas de agua con gas
    - 4 onzas de jugo de arándano y frambuesa

Para los bocadillos (se comen a cualquier hora del día)

- 1 melocotón mediano
- 1 taza de yogur ligero

Análisis nutricional

- Calorías: 1,868
- Total de carbohidratos: 277 g
- Fibra dietética: 29 g
- Azúcares: 125 g
- Grasa total: 45 g
- Colesterol: 114 mg
- Grasa monoinsaturada: 19 g
- Grasa saturada: 0 g

- Grasa trans: 7 g
- Proteína: 103 g
- Potasio: 4.170 mg
- Calcio: 1,083 mg
- Sodio: 1,332 mg
- Magnesio: 423 mg

Raciones de la dieta DASH

- Granos y productos de granos: 6
- Verduras: 5
- Frutas: 5
- Alimentos lácteos (bajos en grasa o sin grasa): 3
- Carnes, aves y pescado: 6
- Nueces, semillas y frijoles secos: 1
- Grasas y aceites: 3
- Sweets: 0

4º día

Para el Desayuno

- 1 taza de yogur de frutas sin azúcar añadido

Dieta DASH

- 1 melocotón mediano
- 1 rebanada de pan integral con 1 cucharadita de margarina suave
- ½ taza de jugo de uva

Para el almuerzo

- 1 taza de palitos de zanahoria
- 1 sándwich de jamón y queso
    - 2 rebanadas de pan integral
    - 2 onzas de jamón bajo en sodio y en grasa
    - 1 rebanada de queso cheddar natural reducido en grasas
    - 2 rebanadas de tomate
    - 1 hoja grande de lechuga romana
    - 1 cucharada de mayonesa baja en grasa

Para la Cena

- 1 taza de arroz español con pollo
- 1 taza de guisantes verdes salteados en 1 cucharadita de aceite de canola

- 1 taza de leche baja en grasa
- 1 taza de trozos de melón cantalupo

Para los bocadillos (se comen a cualquier hora del día)

- 1 taza de leche baja en grasa
- ¼ taza de albaricoques
- 1 taza de jugo de manzana
- 1/3 taza de almendras sin sal

Análisis nutricional

- Calorías: 2, 024
- Carbohidratos: 279 g
- Fibra: 35 g
- Grasa total: 59 g
- Grasas saturadas: 12 G
- Colesterol: 148 mg
- Proteína: 110 g
- Sodio: 2, 312 mg
- Magnesio: 538 mg
- Calcio: 1, 417 mg

Dieta DASH

- Potasio: 4, 575 mg

Porciones de la dieta DASH:

- Granos: 4
- Verduras: 4 ¾
- Frutas: 7
- Lácteos: 3 ½
- Aves de corral, pescado y carne: 5
- Legumbres, semillas y frutos secos: 1
- Grasas y aceites: 3

5º **día**

Para el Desayuno

- 1 rebanada de pan integral con 1 cucharadita de margarina suave
- ¾ taza de cereales de copos de salvado con 1 plátano mediano y 1 taza de leche baja en grasa
- 1 taza de jugo de naranja fresco

Para el almuerzo

- 2 rebanadas de pan integral con 1 cucharada de mostaza de Dijon
- ¾ taza de ensalada de pollo
- ½ tazas de rebanadas de pepino fresco
- 1 cucharada de semillas de girasol
- ½ taza de gajos de tomate
- ½ copa de cóctel de frutas
- 1 cucharadita de aderezo italiano bajo en calorías

Para la Cena

- 3 onzas de beef eye de redondo servido con 2 cucharadas de salsa de carne de res sin grasa
- 1 taza de frijoles verdes salteados (usando ½ cucharadita de aceite de canola
- 1 papa pequeña horneada con 1 cucharada de queso cheddar reducido en grasa rallado y 1 cucharada de crema agria sin grasa, cubierta con 1 cucharada de cebollines picados
- 1 manzana pequeña

Dieta DASH

- 1 panecillo integral pequeño con 1 cucharadita de margarina suave
- 1 taza de leche baja en grasa

Para los bocadillos

- ¼ taza de pasas de uva
- 1/3 taza de almendras sin sal
- ½ taza de yogur de fruta sin grasa (sin azúcar añadida)

Análisis nutricional

- Calorías: 2, 062
- Carbohidratos: 284 g
- Fibra: 27 g
- Grasa total: 63 g
- Colesterol: 155 mg
- Grasa saturada: 13 g
- Sodio: 2, 101 mg
- Proteína: 114 g
- Magnesio: 594 mg
- Calcio: 1, 220 mg

- Potasio: 4, 909 mg

Raciones de la dieta DASH
- Granos: 5
- Verduras: 5
- Frutas: 6
- Lácteos: 2 ½
- Aves de corral, pescado y carne: 6
- Legumbres, semillas y frutos secos: 1 ½
- Grasas y aceites: 3 ½

6º día

Para el Desayuno
- 1 bagel integral pequeño con 1 cucharada de mantequilla de maní
- 1 plátano mediano
- ½ taza de avena instantánea
- 1 taza de leche baja en grasa

Para el almuerzo
- 1 taza de trozos de melón cantalupo

Dieta DASH

- 1 sándwich de pollo
    - 3 onzas de pechuga de pollo sin piel
    - 1 rebanada de pan integral
    - 2 rebanadas de tomate
    - 1 hoja grande de lechuga romana
    - 1 cucharada de mayonesa baja en grasa
    - ¾ onzas de queso cheddar natural, reducido en grasas
- 1 taza de jugo de manzana

Para la Cena

- Ensalada de espinacas
    - 1 taza de hojas de espinaca
    - ¼ taza de zanahorias frescas ralladas
    - ¼ taza de champiñones frescos cortados en rebanadas
    - 1 cucharada de aderezo de vinagreta
    - ½ taza de maíz cocido
- 1 taza de espaguetis

- 1/2 taza de peras en lata

Para los bocadillos (se comen a cualquier hora del día)

- ¼ taza de albaricoques secos
- 1/3 taza de almendras sin sal
- 1 taza de yogur de frutas sin azúcar y sin grasa

Análisis nutricional

- Calorías: 2, 027
- Grasa total: 64 g
- Grasa saturada: 13 g
- Colesterol: 114 mg
- Carbohidratos: 288 g
- Fibra: 34 g
- Proteína: 99 g
- Magnesio: 535 mg
- Calcio: 1, 370 mg
- Sodio: 2, 035 mg
- Potasio: 4, 715 mg

Raciones de la dieta DASH

Dieta DASH

- Granos: 6
- Verduras: 5 ¼
- Frutas: 7
- Lácteos: 3
- Aves de corral, pescado y carne: 3
- Legumbres, semillas y frutos secos: 1 ½
- Grasas y aceites: 1 ½

7º **día**

Para el Desayuno

- 2 tazas de cereal de trigo inflado con 1 taza de leche baja en grasa y una manzana pequeña
- 1 bagel pequeño con 1 cucharadita de margarina suave
- 1 vaso de zumo de naranja fresco

Para el almuerzo

- 1 taza de ensalada de papa
- Sándwich de carne a la barbacoa
    - 1 panecillo de hamburguesa

- - 1 cucharada de salsa barbacoa
  - 2 onzas de carne de vacuno (ojo de buey)
  - 2 rebanadas de queso cheddar natural reducido en grasas
  - 2 rebanadas de tomate
  - 1 hoja grande de lechuga romana
- 1 naranja mediana

Para la Cena

- 3 onzas de bacalao servidas con 1 cucharadita de jugo de limón sobre ½ taza de arroz integral
- 1 taza de espinacas salteadas con 1 cucharadita de aceite de canola y una cucharada de almendras fileteadas
- 1 panecillo de maíz pequeño con 1 cucharadita de margarina suave

Para los bocadillos

- 2 galletas graham rectangulares grandes con 1 cucharada de mantequilla de maní
- 1 cucharada de semillas de girasol sin sal

Dieta DASH

- 1 taza de yogur de frutas sin azúcar y sin grasa

Análisis nutricional

- Calorías: 1, 997
- Carbohidratos: 289 g
- Fibra: 34 g
- Grasa total: 56 g
- Grasa saturada: 12 g
- Colesterol: 140 mg
- Proteína: 103 g
- Sodio: 2, 114 mg
- Calcio: 1, 537 mg
- Potasio: 4, 676 mg
- Magnesio: 630 mg

Raciones DASH

- Granos: 7
- Verduras: 4 ¾
- Frutas: 4
- Lácteos: 3

- Aves de corral, pescado y carne: 5
- Legumbres, semillas y frutos secos: 1 ¼
- Grasas y aceites: 3

Capítulo 11: Recetas de 30 minutos de la dieta DASH

Muffins de frambuesa

Rinde 12 porciones

Ingredientes

- 1/2 taza de avena enrollada
- 1/2 taza de harina de maíz
- 3/4 de taza de harina para todo uso
- 1/4 taza de salvado de trigo
- 1 taza de leche baja en grasa (1%) o leche de soya (leche de soya normal)
- 1/4 de cucharadita de sal
- 1 cucharada de polvo de hornear
- 1/2 taza de miel oscura
- 2 cucharaditas de cáscara de limón rallada
- 1 huevo, batido ligeramente
- 3 1/2 cucharadas de aceite de canola

- 2/3 taza de frambuesas, frescas o congeladas

Para hacer

1. Prepare el horno a 400°F.

2. Coloque los forros en un molde para panecillos de 12 tazas.

3. Ponga la leche y la avena en una cacerola pequeña y cocine a fuego medio-bajo hasta que la crema y la avena estén tiernas. Se puede cocinar en el microondas, a temperatura alta, durante unos 3 minutos.

4. Ponga a un lado la avena cocida.

5. Mezcle la harina de maíz, la harina, la sal, el salvado y el polvo de hornear en un tazón separado. Cernir o simplemente batir juntos en un tazón.

6. Añada la cáscara de limón, el huevo, la avena cocida, el aceite de canola y la miel.

7. Mezclar hasta que todo esté húmedo pero todavía un poco grumoso.

8. Añade las frambuesas y dóblalas suavemente en la mezcla.

Dieta DASH

9. Llene cada taza de panecillos hasta 2/3 de su capacidad.

10. Hornee en el horno precalentado durante 16-18 minutos. Las tapas deben ser de color marrón dorado y un palillo insertado (o un probador de pasteles) en el centro debe salir limpio.

11. Retire del horno y transfiera los panecillos a una rejilla de alambre. Enfriar antes de servir.

Perfil nutricional:
(por muffin)

- Hidratos de carbono totales: 27 g
- Sodio: 126 mg
- Fibra dietética: 2 g
- Grasa total: 5 g
- Grasa saturada: 0,5 g
- Grasa monoinsaturada: 3 g
- Colesterol: 16 mg
- Grasa trans: <0.5
- Proteína: 3 g

- Azúcares añadidos: 11 g
- Calorías: 165

Porciones de la dieta DASH

Cada panecillo equivale a 1 porción de:
- Granos, productos de granos
- Frutas
- Grasas y aceites

Dieta DASH

Panqueques de alforfón con fresas

Hace 6 porciones

Ingredientes

- 2 claras de huevo
- 1/2 taza de leche sin grasa
- 1 cucharada de aceite de canola
- 1/2 taza de harina de sarraceno
- 1/2 taza de harina común para todo uso
- 1 cucharada de polvo de hornear
- 1/2 taza de agua con gas
- 1 cucharada de azúcar
- 3 tazas de fresas frescas en rodajas

Para hacer

1. Bata la leche, el aceite de canola y las claras de huevo en un tazón.
2. Combine el azúcar, las harinas y el polvo de hornear en un recipiente separado.
3. Vierta la mezcla de huevo en la mezcla seca.

4. Añada agua con gas y mezcle hasta que todo esté ligeramente humedecido.

5. Caliente una plancha o sartén a fuego medio.

6. Una vez que esté lo suficientemente caliente, vierta la mitad de la masa para panqueques en la plancha/sartén.

7. Cocine hasta que la superficie forme burbujas y los bordes se doren ligeramente.

8. Voltee el panqueque y cocine hasta que esté bien dorado.

9. Transfiera el panqueque a un plato.

10. Cocine la masa restante.

11. Cubra los panqueques con fresas en rodajas. Coma mientras esté caliente.

Perfil nutricional:

(por tortita)

- Hidratos de carbono totales: 24 g
- Sodio: 150 mg
- Fibra dietética: 3 g

Dieta DASH

- Grasa total: 3 g
- Grasas saturadas: cantidades mínimas
- Grasa monoinsaturada: 2 g
- Colesterol: cantidades mínimas
- Proteína: 5 g
- Calorías: 143

Porciones de la dieta DASH

Cada panqueque es equivalente a:

- 1 porción de granos, grupo alimenticio de los productos de granos
- 1 porción de grasas y aceites grupo alimenticio
- ½ servicio de frutas

Avena de nuez de arándano

Hace 1 porción

Ingredientes

- 1/3 taza de leche de soja o leche desnatada
- 1/4 de taza de salsa de arándanos, sin azúcar
- 1/4 de taza de avena enrollada a la antigua
- 1/4 de taza de yogur griego sin sabor y bajo en grasa
- 1/4 de taza de arándanos cortados en cubos
- 1 1/2 cucharaditas de nueces picadas
- 1/4 de cucharadita de canela

Para hacer

1. Ponga todos los ingredientes en un frasco grande de albañilería.
2. Cierre bien la tapa y agite el frasco para combinar todo bien.
3. Enfríese en el refrigerador durante la noche.

Dieta DASH

Perfil nutricional

(Por 1 taza de porción)

- Hidratos de carbono totales: 30 g
- Sodio: 89 mg
- Fibra dietética: 6 g
- Grasas totales: 4 g
- Grasa saturada: 0 g
- Grasa monoinsaturada: 1 g
- Grasa trans: 0 g
- Colesterol: 4 mg
- Proteína: 11 g
- Azúcares añadidos: 17 g
- Calorías: 193

Porciones de la dieta DASH

Cada porción de 1 taza provee:

- ½ porción de granos y productos de granos grupo alimenticio
- ½ servicio de frutas
- ½ porción del grupo de alimentos lácteos sin grasa o con poca grasa

Mark Evans

Pizza de tomate seco y albahaca

Rinde 4 porciones

Ingredientes

- 1 corteza de pizza de 12 pulgadas
- 1/2 taza de queso ricotta sin grasa
- 4 dientes de ajo, picados
- 1/2 taza de tomates secos y empaquetados al sol
- 1 cucharadita de tomillo seco
- 2 cucharaditas de albahaca seca

Para hacer

1. Remoje los tomates en agua para rehidratarlos durante unos minutos. Una vez menos arrugado y un poco más regordete, drene. Cortar en trozos grandes y reservar.
2. Prepare el horno a 425°F.
3. Prepare un molde redondo para hornear de 12 pulgadas, cubierto ligeramente con rocío de cocina.
4. Extiende la masa de la pizza.

Dieta DASH

5. Presionar la masa en el recipiente preparado.

6. Espolvoree el queso, el ajo y los tomates sobre la masa.

7. Cubrir con tomillo y albahaca.

8. Hornee en el horno precalentado hasta que la corteza se dore. Los toppings también deben estar uniformemente calientes. Hornee durante unos 20 minutos.

9. Cortar la pizza en 8 triángulos iguales. Servir caliente.

Perfil nutricional

1 porción= 2 rebanadas

- Grasas totales: 5 g
- Sodio: 283 mg
- Hidratos de carbono totales: 33 g
- Fibra dietética: 4 g
- Grasas monoinsaturadas: cantidades mínimas
- Grasa saturada: 1 g
- Colesterol: 7 mg

- Grasa trans: 0 g
- Azúcares añadidos: 0 g
- Proteína: 9 g
- Calorías: 216

Porciones de la dieta DASH

Para una ración de 2 rebanadas:
- 2 porciones de granos y productos de granos grupo alimenticio
- 1 porción de vegetales
- 1 porción de grasas y aceites

Dieta DASH

Pollo al vino blanco y salsa de champiñones

Rinde 4 porciones

Ingredientes

- 4 mitades de pechuga de pollo deshuesada y sin piel de 4 onzas
- 2 cucharadas de aceite de oliva
- 1/4 de libra de champiñones, cortados en rebanadas finas
- 4 chalotas, cortadas en rodajas finas
- 1 cucharada de harina común para todo uso
- 1/2 taza de caldo de pollo bajo en sodio
- 1/4 taza de vino blanco
- 2 cucharadas de perejil picado
- 1 cucharada de romero fresco

Para hacer

1. Arregle las pechugas de pollo en papel pergamino. Cubrir con otro trozo de papel pergamino y aplastarlo con un mazo.

2. Cubra el pollo aplastado con envoltura de plástico y refrigérelo hasta que esté firme.

3. Calentar 1 cucharada de aceite de oliva en una sartén pequeña a fuego medio.

4. Ponga los chalotes en la sartén caliente y saltéelos hasta que estén translúcidos.

5. Añada los hongos. Cocine por 2 minutos más.

6. Mientras se saltean, mezclar la harina y el vino en un bol pequeño. Bata hasta que no haya grumos.

7. Vierta lentamente la mezcla de harina en la sartén con los champiñones y los chalotes.

8. Revuelva continuamente hasta que la salsa se espese.

9. Retire la cacerola del fuego.

10. Coloque el romero en la sartén mientras aún está caliente y déjelo a un lado.

11. Coloque una sartén grande a fuego medio.

12. Caliente el aceite restante y añada el pollo.

Dieta DASH

13. Saltee hasta que el pollo ya no esté rosado. La temperatura interna de la carne debe ser de 170°F.

14. Coloque el pollo cocido en un plato.

15. Vierta la salsa de champiñones de vino blanco caliente sobre el pollo.

16. Servir inmediatamente con una guarnición de perejil.

Perfil nutricional

(Por cada porción de la mitad de una pechuga de pollo)

- Hidratos de carbono totales: 5 g
- Sodio: 65 mg
- Fibra dietética: 1 g
- Grasa total: 10 g
- Grasa monoinsaturada: 6 g
- Grasa saturada: 2 g
- Grasas trans: cantidades mínimas
- Colesterol: 83 mg
- Proteína: 28 g

- Azúcares añadidos: 0 g
- Calorías: 222

Porciones de la dieta DASH

Por cada media pechuga de pollo:
- 1 porción de vegetales
- 4 porciones de aves, pescado y carne del grupo alimenticio de las carnes
- 1 porción de grasas y aceites grupo alimenticio

Dieta DASH

Deliciosos burritos de pollo de la dieta DASH

Rinde 4 porciones

Ingredientes

- 1 cucharadita de aceite de oliva
- 1 pimiento jalapeño en rodajas
- 1 pimiento rojo en rodajas
- 1 cebolla amarilla en rodajas
- 2 costillas de apio, en rodajas
- 2 tazas de tomates de uva
- 2 cucharadas de orégano fresco
- 2 cucharadas de semillas de comino
- 2 dientes de ajo, picados
- 4 tortillas de trigo integral
- 8 onzas de carne de pechuga de pollo precocida
- 2 tazas de repollo verde rallado
- 1/2 taza de queso cheddar rallado y picante

Para hacer

1. Caliente el aceite en una sartén grande colocada a fuego medio-alto.
2. Añada el apio, la pimienta, el comino y la cebolla. Saltee durante 10-15 minutos hasta que las verduras estén ligeramente doradas.
3. Añada ajo, orégano y tomates.
4. Saltee hasta que los tomates se ampollen y luego se abran.
5. Retire la cacerola del fuego y vierta todo en una licuadora. Haga puré hasta que se logre la consistencia deseada. Páselo a un tazón y déjelo a un lado.
6. Triturar la carne de pollo. Divídanse entre las tortillas.
7. Ponga el queso encima del pollo.
8. Cubrir con repollo.
9. Ponga un poco de la salsa de puré.
10. Enrolle cuidadosamente la tortilla y sirva inmediatamente.

Perfil nutricional
(Por 1 porción de burrito)

Dieta DASH

- Hidratos de carbono totales: 38 g
- Sodio: 486 mg
- Fibra dietética: 12 g
- Grasa total: 10 g
- Grasa monoinsaturada: 3 g
- Grasa saturada: 4 g
- Grasa trans: 0 g
- Colesterol: 63 mg
- Proteína: 29 g
- Azúcares añadidos: 0 g
- Calorías: 350

Porciones de la dieta DASH

Por cada burrito:

- 1.5 porciones de granos y productos de granos grupo alimenticio
- 2 porciones de vegetales
- 2 porciones de aves, pescado y carnes del grupo de alimentos
- 0.5 porciones del grupo de alimentos lácteos (sin grasa o con poca grasa)

Mark Evans

Salmón asado con cebollino y estragón

Hace 2 porciones

Ingredientes

- 2 piezas de 5 onzas de salmón, con piel
- 2 cucharaditas de aceite de oliva extra virgen
- 1 cucharada de hojas frescas de estragón
- 1 cucharada de cebollino picado

Para hacer

1. Prepare un horno de 425°F.
2. Prepare una bandeja para hornear forrada con papel de aluminio.
3. Frotar los trozos de salmón con aceite de oliva.
4. Coloque el salmón con la piel hacia abajo en la bandeja de hornear preparada.
5. Hornee durante 10-12 minutos hasta que el salmón se desmenuce fácilmente al pincharlo con un tenedor.
6. Quitar la piel del salmón con una espátula metálica.

Dieta DASH

7. Espolvoree las hierbas sobre el pescado y sirva inmediatamente.

Perfil nutricional

(Por cada porción de 1 filete)

- Hidratos de carbono totales: cantidades de trazas
- Fibra dietética: cantidades mínimas
- Sodio: 62 mg
- Grasa total: 14 g
- Grasa monoinsaturada: 6 g
- Grasa saturada: 2 g
- Grasa trans: 0 g
- Colesterol: 78 mg
- Proteína: 28 g
- Azúcares añadidos: cantidades mínimas
- Calorías: 244

Para hacer

Para cada filete:

- 1 porción de grasas y aceites grupo alimenticio

- 4 porciones del grupo de alimentos de aves, pescado y carnes

Vieiras a la parrilla con salsa de lima dulce

Rinde 4 porciones

Ingredientes

- 1 libra de vieiras de bahía o de mar, enjuagadas y secadas con palmaditas
- 4 cucharadas de miel
- 1 cucharada de aceite de oliva o de canola
- 2 cucharadas de jugo de lima
- 2 cucharaditas de cáscara de limón rallada
- 1 lima, cortada en 4 cuñas

Para hacer

1. Caliente la parrilla y coloque la rejilla 4 pulgadas por encima de la fuente de calor.
2. Forre una bandeja para galletas o una bandeja para asar con papel de aluminio. Pulverizar con aceite.
3. Bata el jugo de lima, el aceite y la miel en un tazón grande.

4. Lanza suavemente las vieiras. Abríguese bien.

5. Coloque las vieiras en una sola capa en la bandeja preparada o en la hoja de galletas.

6. Asar a la parrilla las vieiras hasta que estén opacas. Dale la vuelta a las vieiras y cocínalas por el otro lado.

7. Coloque las vieiras en los platos de servir.

8. Ponga los jugos de la sartén sobre las vieiras.

9. Adorne con la cuña de lima y la cáscara de lima.

10. Sirve.

Perfil nutricional

(Por cada porción de 4 onzas)

- Total de carbohidratos: 23 g
- Sodio: 445 mg
- Fibra dietética: 1 mg
- Grasa total: 4 g
- Grasa monoinsaturada: 2,5 g
- Grasa saturada: 1 g

Dieta DASH

- Grasas trans: cantidades mínimas
- Colesterol: 27 mg
- Proteína: 14 g
- Azúcares añadidos: 17 g
- Calorías: 185

Porciones de la dieta DASH

- 2 porciones de aves, pescado y carnes del grupo de alimentos
- 1 porción del grupo alimenticio de los dulces

Mark Evans

Ensalada de Espinacas con Triple Baya

Rinde 4 porciones

Ingredientes

- 4 tazas de espinacas frescas desgarradas, envasadas
- 1 taza, arándanos, frescos o congelados
- 1 taza de fresas frescas en rodajas
- 1/4 de taza de nueces tostadas picadas
- 1 cebolla dulce pequeña, picada

Aderezo para ensalada:

- 2 cucharadas de vinagre balsámico
- 2 cucharadas de vino blanco o vinagre de sidra
- 2 cucharaditas de mostaza de Dijon
- 2 cucharadas de miel
- 1/8 de cucharadita de pimienta
- 1 cucharadita de polvo de curry

Para hacer

Dieta DASH

1. Mezcle las cebollas, las nueces, los arándanos, las fresas y las espinacas en un bol grande.

2. Mezcle todos los ingredientes para el aderezo en un tarro pequeño. Cierre bien la tapa y agite bien.

3. Vierte el aderezo sobre la ensalada y tira. Cubrir todo bien.

4. Sirve.

Perfil nutricional

(Por cada 1 ½ taza que se sirve)

- Total de carbohidratos: 25 g
- Fibra dietética: 4 g
- Sodio: 198 mg
- Grasa saturada: 0,5 g
- Grasa total: 5 g
- Grasa trans: 0 g
- Colesterol: 0 mg
- Proteína: 4 g
- Grasa monoinsaturada: 3 g

- Calorías: 158
- Azúcares añadidos: 19 g

Porciones de la dieta DASH

Cada porción de 1 ½ taza:

- ½ porción de dulces grupo alimenticio
- 1 porción de vegetales
- ½ porción de semillas, frijoles secos y nueces grupo alimenticio
- 1 porción de fruta

Dieta DASH

Ensalada de Mango Simple

Rinde 4 porciones

Ingredientes

- 2 tazas de mangos cortados en cubos
- 1/3 taza de cebolla roja picada
- 2 cucharadas de cilantro picado
- 1/3 taza de pimientos rojos frescos picados
- 1 cucharada de aceite de oliva
- Jugo y cáscara de 1 limón

Para hacer

1. Mezcle todos los ingredientes en un tazón.
2. Sirva inmediatamente o enfríe antes de servir.

Perfil nutricional

(Por cada 2/3 de taza)

- Hidratos de carbono totales: 15 g
- Sodio: 2 mg
- Fibra dietética: 2 g
- Grasa total: 4 g

- Grasa monoinsaturada: 2,5 g
- Grasa saturada: 0,5 g
- Grasa trans: 0 g
- Colesterol: 0 mg
- Proteína: 1 g
- Azúcares añadidos: 0 g
- Calorías: 100

Servicio de la dieta DASH

- 1 porción de fruta
- 1 porción de grasas y aceites grupo alimenticio

Dieta DASH

Ensalada de tomate cherry, albahaca y pera

Hace 6 porciones

Ingredientes

- 1 1/2 tazas de tomates de pera amarilla, cortados por la mitad
- 1 1/2 tazas de tomates cherry rojos, cortados por la mitad
- 1 1/2 tazas de tomates cherry naranjas, cortados por la mitad
- 4 hojas grandes de albahaca fresca, cortadas en cintas delgadas

  Para la vinagreta
- 2 cucharadas de vino tinto o vinagre de jerez
- 1 cucharada de aceite de oliva extra virgen
- 1 cucharada de chalota picada
- 1/8 de cucharadita de pimienta negra fresca molida
- 1/4 de cucharadita de sal

Para hacer

1. Mezcle todos los ingredientes para la vinagreta en un bol pequeño. Deje a un lado por 15 minutos para permitir que los sabores se mezclen bien.

2. Bata la pimienta, la sal y el aceite de oliva en el aderezo justo antes de servir.

3. Mezcle los tomates y las peras en un bol grande.

4. Añadir el aderezo y la albahaca.

5. Lanza suavemente para que todo quede bien cubierto.

6. Sirva inmediatamente.

Perfil nutricional

(Por cada porción de taza ¾)

- Hidratos de carbono totales: 4 g
- Sodio: 125 mg
- Fibra dietética: 1 g
- Grasa total: 3 g
- Grasa monoinsaturada: 2 g
- Grasa saturada: 0 g

Dieta DASH

- Grasa trans: 0 g
- Colesterol: 0 mg
- Proteína: 1 g
- Azúcares añadidos: 0 g
- Calorías: 47

Porciones de la dieta DASH

- ½ porción de grasas y aceites grupo alimenticio
- 1 porción de vegetales

Mark Evans

Bruschetta de tomate y albahaca

Hace 6 porciones

Ingredientes

- 1/2 baguette integral, cortado en 6 rebanadas diagonales, cada rebanada de 1/2 pulgada de grosor
- 1 cucharada de perejil picado
- 2 cucharadas de albahaca picada
- 2 dientes de ajo, picados
- 1/2 taza de hinojo cortado en cubos
- 3 tomates, cortados en cubos
- 2 cucharaditas de vinagre balsámico
- 1 cucharadita de aceite de oliva
- 1 cucharadita de pimienta negra

Para hacer

1. Caliente un horno a 400°F. Tostar las rebanadas de baguette hasta que estén ligeramente doradas.

Dieta DASH

2. Coloque todos los ingredientes restantes en un recipiente grande. Lanza para mezclar bien.

3. Ponga la mezcla encima de las rebanadas de baguette tostadas.

4. Sirva inmediatamente.

Perfil nutricional

(por 1 porción de rebanada)

- Total de carbohidratos: 20 g
- Sodio: 123 mg
- Fibra dietética: 4 g
- Grasa total: 2 g
- Grasa monoinsaturada: 1 g
- Grasas saturadas: menos de 0,5 g
- Colesterol: 0 mg
- Grasa trans: 0 g
- Proteína: 3 g
- Azúcares añadidos: 0 g
- Calorías: 110

Porciones de la dieta DASH

Cada porción de una rebanada:
- 1 porción de vegetales
- 1 porción de granos y productos de granos grupo alimenticio

Dieta DASH

Brochetas de fruta con salsa de limón

Hace 2 porciones

Ingredientes

- 6 onzas de yogur de limón sin azúcar y bajo en grasa
- 1 cucharadita de cáscara de limón
- 1 cucharadita de jugo de limón fresco
- 4 trozos de piña de 1/2 pulgada
- 1 kiwi, pelado y luego cortado en cuartos
- 4 fresas
- 4 uvas tintas
- 1/2 plátano, cortado en trozos de 4 1/2 pulgadas
- 4 pinchos de madera

Para hacer

1. Bata la cáscara de lima, el jugo de lima y el yogur en un tazón pequeño. Cúbrete y relájate.
2. Disponga cada pieza de fruta en pinchos.

3. Sirva las brochetas de fruta con una salsa fría de limón y lima.

Perfil nutricional

(por porción de 2 kebabs)

- Hidratos de carbono totales: 39 mg
- Sodio: 53 mg
- Fibra dietética: 4 g
- Grasa total: 2 g
- Grasas monoinsaturadas: cantidades mínimas
- Grasa saturada: 1 g
- Grasa trans: 0 g
- Colesterol: 5 mg
- Proteína: 4 g
- Azúcares añadidos: 6 g
- Calorías: 190

Porciones de la dieta DASH

- 2 porciones de frutas
- ½ porción del grupo de alimentos lácteos (sin grasa o con poca grasa)

Dieta DASH

Humus casero

Rinde 14 porciones

Ingredientes

- 2 latas de 16 onzas de garbanzos reducidos en sodio, reserve 1/4 de taza de líquido, enjuague los garbanzos y escúrralos.
- 1/4 de taza de jugo de limón
- 1 cucharada de aceite de oliva extra virgen
- 2 dientes de ajo, picados
- 1/4 de cucharadita de pimentón
- 1/4 de cucharadita de pimienta negra agrietada
- 3 cucharadas de pasta de sésamo o tahini
- 2 cucharadas de perejil italiano de hoja plana picado

Para hacer

1. Haga puré los garbanzos en un procesador de alimentos o en una licuadora.
2. Añada perejil, tahini, pimentón, pimienta, ajo, jugo de limón y aceite de oliva.

3. Mezclar bien para obtener una mezcla suave.

4. Añadir el líquido de reserva de los garbanzos (de la lata), 1 cucharada cada vez. Siga añadiendo hasta conseguir una pasta suave y espesa.

5. Sirva inmediatamente.

6. El humus puede cubrirse y enfriarse para su uso posterior.

Perfil nutricional

(Por cada porción de taza ¼)

- Hidratos de carbono totales: 10 g
- Sodio: 182 mg
- Fibra dietética: 2,5 g
- Grasa total: 3 g
- Grasa monoinsaturada: 1 g
- Grasas saturadas: menos de 1 g
- Colesterol: 0 mg
- Grasa trans: 0 g
- Proteína: 3 g
- Azúcares añadidos: 0 g

Dieta DASH

- Calorías: 79

Porciones de la dieta DASH

Para una porción de taza ¼:

- ½ porción de frijoles secos, semillas y nueces grupo alimenticio

Mark Evans

Salsa de alcachofa

Rinde 8 porciones

Ingredientes

- 2 tazas de corazones de alcachofa
- 4 tazas de espinacas picadas
- 1 cucharada de pimienta negra
- 1 cucharadita de tomillo picado
- 1 cucharada de perejil picado
- 2 dientes de ajo, picados
- 1 taza de frijoles blancos, preparados
- 1/2 taza de crema agria baja en grasa
- 2 cucharadas de queso parmesano

Para hacer

1. Combine todos los ingredientes en un tazón grande. Mezcla bien.
2. Colóquelo en una fuente de cerámica o de vidrio para hornear.
3. Hornee en un horno precalentado a 350°F durante 30 minutos.

Dieta DASH

4. Sirva la salsa caliente con verduras, galletas de pan integral.

Perfil nutricional

(Por ½ porción de taza; sin incluir la comida que viene con el dip, es decir, verduras, galletas o pan)

- Hidratos de carbono totales: 14 g
- Sodio: 71 mg
- Fibra dietética: 6 g
- Grasa total: 2 g
- Grasa monoinsaturada: 1 g
- Grasa saturada: 1 g
- Grasa trans: 0 g
- Colesterol: 6 mg
- Proteína: 5 g
- Azúcares añadidos: 0 g
- Calorías: 94

Porciones de la dieta DASH

Por cada ½ taza de salsa sola

- 2 porciones de vegetales
- ½ porción de frijoles secos, semillas y nueces grupo alimenticio

Mark Evans

Delicioso glaseado para pollo, pescado o verduras

Rinde 4 porciones

Ingredientes

- 1 cucharadita de jugo de lima o limón
- 1 cucharadita de ralladura de cáscara, lima o limón
- 1/2 taza de caldo de pollo, sin sal
- 1 cucharada de azúcar
- 1 cucharada de perejil picado
- 2 cucharaditas de maicena

Para hacer

1. Coloque todos los ingredientes en un recipiente para microondas.
2. Bata para combinar bien.
3. Ponga la mezcla en el microondas a temperatura alta durante 1-2 minutos hasta que se espese y se vuelva transparente.
4. Sirva el glaseado inmediatamente sobre las verduras, el pescado o el pollo.

Dieta DASH

Perfil nutricional

(Por cada 2 cucharadas de glaseado; sin incluir el pollo, las verduras o el pescado servido con el glaseado)

- Hidratos de carbono totales: 5 g
- Sodio: 10 mg
- Fibra dietética: cantidades mínimas
- Grasa total: cantidades mínimas
- Grasas monoinsaturadas: cantidades mínimas
- Grasa saturada: 0 g
- Grasa trans: 0 g
- Colesterol: 0 mg
- Proteína: 1 g
- Azúcares añadidos: 3 g
- Azúcares totales: 2 g
- Calorías: 24

Mark Evans
Miel de melocotón para untar

Rinde 4 porciones

Ingredientes

- 1 lata de 15 onzas de mitades de melocotón sin endulzar, escurridas
- 1/2 cucharadita de canela
- 2 cucharadas de miel

Para hacer

1. Mezcle todos los ingredientes anteriores en un tazón grande para mezclar.
2. Muela con un tenedor para crear una consistencia parecida a la de la manzana.
3. Sirva inmediatamente o cúbralo y refrigérelo durante unas horas.

Perfil nutricional

(Por ½ porción de taza)

- Hidratos de carbono totales: 14 g
- Sodio: 3 mg
- Fibra dietética: 1 g
- Grasa total: 0 g
- Grasa monoinsaturada: 0 g

Dieta DASH

- Grasa saturada: 0 g
- Colesterol: 0 mg
- Azúcares añadidos: 8 g
- Azúcares totales: 13 g
- Proteína: 0.5 g
- Calorías: 58
- Proteína: 0.5 g

Porciones de la dieta DASH

Por cada porción de taza de ½:

- 1 porción de fruta

Conclusión

Gracias por leer este libro.

Espero que haya podido aprender mucho sobre la dieta DASH y lo que puede hacer por usted. Además, espero que este libro haya sido capaz de enseñarle todo lo que necesita saber sobre cómo vivir una vida en la dieta DASH.

Tome los consejos y recomendaciones de este libro para comenzar su viaje hacia una BP más saludable y una mejor salud. Empiece con los planes de comidas y las recetas que se dan en este libro. En cuestión de días, seguramente verá buenos resultados. Siga esforzándose y pronto disfrutará de los muchos beneficios de la dieta DASH.

Por último, si ha disfrutado de la lectura del libro, ¿podría tomarse el tiempo de compartir sus opiniones con nosotros publicando una reseña? Tener una crítica positiva por parte de usted ayuda a que el libro se mantenga en la cima de los rangos, para que podamos seguir llegando a aquellos que pueden beneficiarse de la

Dieta DASH

información compartida dentro del libro. ¡Sería muy apreciado!

Gracias una vez más y buena suerte en su viaje hacia una mejor salud y una vida más satisfactoria.

Mark Evans

¡Gracias!

Antes de que se vaya, sólo quería darle las gracias por comprar mi libro.

Podría haber elegido entre docenas de otros libros sobre el mismo tema, pero se arriesgó y eligió este.

Por lo tanto, un ENORME agradecimiento a usted por conseguir este libro y por leerlo hasta el final.

Ahora quería pedirle un pequeño favor. *¿Podría tomarse unos minutos para dejar una reseña de este libro en Amazon?*

Esta retroalimentación me ayudará a seguir escribiendo el tipo de libros que le ayudarán a obtener los resultados que desea. Así que si lo disfrutó, por favor hágamelo saber! (-:

www.ingramcontent.com/pod-product-compliance
Lightning Source LLC
Chambersburg PA
CBHW070042230426
43661CB00005B/728